님께

드립니다.

**명견만리** 인류의 미래 편

# 명견만리

## 향후 인류에게 가장 중요한 것들을 말하다

· 인구, 경제, 북한, 의료 편 ·

KBS〈명견만리〉제작팀 지음

INFLUENTIAL
인 플 루 엔 셜

# 예상하지 못했던 미래,
# 우리가 가져야 할 통찰

세상은 늘 변하게 마련이다. 하지만 오늘날 세상이 변화하는 속도는 그 어느 때보다 빠르게 느껴진다. 스마트폰이 확산되고 수십억 인구가 엄지손가락으로 만들어내는 놀라운 협력 덕분에 세상은 이전과는 비교할 수 없을 만큼 엄청난 속도로 변하고 있다.

미래학자 버크민스터 풀러(Buckminster Fuller)는 '지식 두 배 증가 곡선(Knowledge Doubling Curve)'으로 인류의 지식 총량이 늘어나는 속도를 설명한다. 그에 따르면 인류의 지식 총량은 100년마다 두 배씩 증가해왔다. 그러던 것이 1900년대부터는 25년으로, 현재는 13개월로 그 주기가 단축되었다. 2030년이 되면 지식 총량은 3일마다 두 배씩 늘어나게 된다. 이른바 지식의 빅뱅이 일어나고 있는 것이다.

이런 지식의 폭발적 증가를 배경으로, 인류의 기술은 빠르게 발전하고 있다. 인간은 우주로 뻗어 나갈 채비를 해나가고 있고, 수명은 30년 이상 늘어날 것으로 예상된다. 빅데이터 분석기술이 진화하면서 인공지능은 더욱 빠르게 발전할 것이고, 이에 따라 인류의 노동도 새로운 국면을 맞이할 것이다. 정치, 경제, 기술 등 모든 영역이 새로운 개념들로 재구성되어 우리는 이제껏 인류 역사에 전례 없는 변화를 겪는 중이다. 바야흐로 변화무쌍의 시대에, 미래에 대한 호기심과 기대가 넘친다.

하지만 그와 동시에 이러한 변화를 맞이하는 개인은 불안과 두려움을 느낀다. 작은 개인이 감당하기에는 너무나 큰 변화가 매일같이 벌어지는 세상에서, 우리 삶이 어떻게 달라질지 한 치 앞을 예측하기 어렵기 때문이다. 이런 상황에서 미래를 내다보는 안목을 갖고 있다면 얼마나 좋을까? 누구나 미래를 궁금해하고, 앞날을 내다보는 안목을 키우고 싶어 하며, 그러한 안목을 갖춘 사람들의 지혜를 빌려서라도 불안을 잠재우고 싶어 한다.

미래를 내다보는 안목과 지혜가 절실한 시대. 불안과 두려움에 빠진 개인은 무엇을 할 수 있을까? 〈명견만리〉는 개인이 느끼는 이러한 절박한 위기감에서 시작했다.

· · ·

〈명견만리〉를 만들며 미래를 성급히 예언하거나 예측하려 하지 않았다. 예언은 신관이나 무당의 영역이다. 우리는 허공이 아닌 현실에 발을 담그고, 가장 가까운 우리 삶의 풍경으로부터 미래를 비추는 단서를 찾아내고자 했다. 우리가 선택한 도구는 '트렌드'다.

〈명견만리〉는 각종 트렌드 속에 숨어있는 변화의 방향을 주목한다. 그리고 그 과정에서 제기되는 아젠다를 다룬다.

트렌드란 '동향', '추세' 등으로 번역되는 용어로 주로 패션, 문화, 기술 등의 영역에서 사용된다. 〈명견만리〉에서 말하는 트렌드란 한때의 유행만을 의미하지 않는다. 우리 사회의 근본적 변화 방향과 관련되어 있다. 때로는 중대한 변화를 예고하는 의미심장한 전조와 같다. 사소해 보이는 트렌드일지라도 잘 들여다보면 중대한 사회 변화의 징후를 읽어낼 수 있다.

예를 들어 최근 국내 화장품 업계 트렌드를 보면 중국 경제의 위상이 얼마나 높아졌는지가 보인다. 중국 경제 발전으로 유커(중국인 관광객)가 급증했고, 이들의 취향이 국내 제품의 성패를 좌우하는 가장 중요한 요소로 떠올랐기 때문이다.

요즘 정당과 기업 등이 생색을 내며 내세우는 '청년' 마케팅은 역설적으로 청년세대의 위기를 반영한 일종의 트렌드다. 저출산 고령화로 인한 인구구조 변화가 청년세대의 위기를 불러왔다. 이런 위기의식 속에서 앞다투어 '청년'을 내세우는 것으로 보인다.

또한 집밥 열풍이 불고 편의점 상품이 뜨는 것은, 단순한 기호의 변화라기보다는 경제 기조의 변화를 반영한 트렌드다. 전 세계가 저성장 국면으로 진입하면서 우리 일상이 변화하고 있는 것이다.

이렇듯 소비, 정치, 문화 등 다양한 분야에서 생겨나는 각종 트렌드는 미래를 향한 여정에서 풍향계 역할을 한다. 따라서 트렌드를 포착하고 이에 숨어 있는 변화의 방향을 읽어냄으로써 사회 전체의 아젠다를 제시하는 것은 매우 중요한 의미를 가진다. 실제 현실에서 보이는 단서들을 통해 향후 인류가 만나게 될 미래에 대해 올바른 질문을 던지고 다른 해답과 가능성을 찾아가는 일. 이것이 〈명견만리〉가 하고자 하는 일이다.

. . .

〈명견만리〉가 다루는 주제들에는 대체로 절박감이 배어 있다. 무한질주하는 세상의 전망이 잘 보이지 않기 때문이다. 아마도 향후 50년 동안 인류는 이 책에서 다룬 주제들에 대해 끊임없이 고민하게 될 것이다. 하지만 지금 우리가 겪고 있는 초유의 변화도 결국 인류의 협력으로 만들어낸 것이다. 세상은 각자의 손바닥 안에서 촘촘하게 엮여 있다. 손바닥 안의 스마트폰 속에서 인류의 생각과 실행의 결과들이 모여 거대한 변화의 물결이 만들어진다. 따라서 이 변화로 인해 생기는 절박한 문제가 있다면 그 역시 머리를 맞대고 함께 풀어갈 수 있다.

명견만리(明見萬里)라는 사자성어는 뛰어난 통찰력으로 미래의 일을 환하게 살펴서 알고 있음을 뜻한다. 변화의 시대에 절실한 덕목이다. 하지만 만리(萬里)를 내다볼 수 있는 명견(明見)은 하루아침에 생겨나지 않는다. 더욱이 고립된 개인의 힘만으로는 어렵다. 인류가 쌓아온 지식과 통찰의 맥을 따라 동시대인들이 지혜를 모아낼 때 명견만리(明見萬里)가 가능해진다. 생각을 모으면 길이 보인다. 다행히 지금 세상은 인터넷과

SNS 등으로 촘촘하게 서로 엮여 있다. 생각을 모아 더 좋은 길을 찾을 기회는 어느 때보다 열려 있다.

・・・

우리 사회의 절박한 미래 이슈를 다루겠다는 야심찬 포부를 가지고 프로그램을 시작했다. 〈명견만리〉가 제기한 미래 이슈들이 나름 화제가 되기도 했다. '인구 감소로 인한 청년문제', '중국의 부상', '김영란법의 미래'와 '베이비붐 세대 은퇴 폭탄' 그리고 '일자리가 사라지는 트렌드'에 이르기까지 우리 사회의 절박한 아젠다를 효과적으로 공론화했다는 평이 이어졌다. 이 과분한 성과는 제작진과 프리젠터 그리고 미래참여단이라 불리는 청중단이 진정성 있는 참여를 통해 함께 이뤄낸 결과다. 경제, 과학, 남북관계 등 예전에는 소수 엘리트 집단이 독점해오던 이슈들을 대중의 장으로 끌고 나와 공론화시킴으로써 이른바 시민적 담론의 가능성을 확인할 수 있었다.

특히 1만 명에 이르는 미래참여단(〈명견만리〉의 청중단)의 진정성 있는 참여가 회를 거듭할수록 두드러졌다. 이들의 역할이야말로 '생각을 맞대면 길이 보인다'는 〈명견만리〉의 지향을 잘 보여준다고 하겠다.

・・・

이 책은 그동안 제작진이 쏟아부은 치열한 노력의 조각들을 모두 쓸어 담은 것이다. 〈명견만리〉가 단순한 강연이 아니기에 제작진은 한 편의 프로그램을 위해 적게는 두 달, 많게는 다섯 달에 걸쳐 저인망식으로 자료조사와 취재를 진행했다. 해당 미래 이슈들을 취재하면서 제작진이 느낀 절박한 감정들 그리고 TV 매체의 속성상 미처 담지 못한 진솔한 이야기들을 이 책을 통해 충분히 전달하려 했다. 풍부한 지식이 담긴 전문서보다는 통찰의 단서를 발견하기 위한 취재노트라고 할 수 있겠다. 이 책을 읽는 분들이 부디 〈명견만리〉 제작진의 진정성을 발견할 수 있길 바란다.

**정현모** KBS 〈명견만리〉 팀장 프로듀서

# 1부 – 인구Population

향후 5년 동안 700만 명의 은퇴가 일어난다. 이런 은퇴 폭탄은 우리 사회에 어떤 충격을 가져올까. 부모를 부양하고 자녀를 키우느라 자신을 위한 자금이 없다는 베이비부머. 그러나 과연 이들은 가난한 것일까? 그들의 새로운 삶을 가로막고 있는 것은 무엇일까?

22세기, 지구상에서 제일 먼저 사라질 나라로 꼽힌 대한민국. 인구가 줄어들면 경쟁이 줄어들어 삶의 혜택이 늘어날 것이라 했던 장밋빛 전망은 왜 감쪽같이 사라졌는가. 지금은 누구나 출산장려를 외치지만, 저출산을 독려했던 것이 불과 20여 년 전. 예측이 틀렸던 것일까 해법이 틀렸던 것일까.

전 세계적 불황 속에서 독일은 어떻게 흔들림 없이 부국의 자리를 유지할 수 있었는가. 1970년대부터 시작된 청년 투자에 그 답이 있다. 독일은 어떻게 성공할 수 있었는가. 모든 세대가 한 세대에 투자한 것이 오히려 모두를 살린 그 해법을 배운다.

# 2부 − 경제 Economy

# 3부 − 북한 North Korea

1부

# 인구
Population

明見萬里

# 1장

# 거대한 인구 집단,
# 베이비부머의 삶을 바꿔라

—

무엇이 은퇴 이후의 인생을 가로막는가

明
見
萬
里

향후 5년 동안 700만 명 은퇴.

바로 거대한 인구 집단 베이비부머들이 겪게 될 상황이다.

이런 은퇴 폭탄은 우리 사회에 어떤 충격을 가져올까.

부모를 부양하고 자녀를 키우느라 자신을 위한 자금이 없다는 베이비부머.

그러나 과연 이들은 정말 가난한 것일까?

그들의 새로운 삶을 가로막고 있는 것은 무엇일까?

# 거대한 인구 집단, 베이비부머의 삶을 바꿔라

> 무엇이 은퇴 이후의 인생을 가로막는가

## 일하는 사람 5명 중 1명이 사라지는 시대

———

한 사회에서 경제활동인구의 20퍼센트가 5년 사이에 한꺼번에 은퇴한다면 그 사회에는 무슨 일이 벌어질까? 다섯 명 중 한 명꼴로 실업자가 된다면? 이는 바로 대한민국이 2015년부터 2020년까지 겪을 베이비붐 세대의 은퇴 시나리오다. 몇 년 전부터 우리 사회에서는 이를 대비해야 한다는 목소리가 터져 나오고 있다.

군이 베이비붐 세대가 아니더라도, 수명이 늘어나는 고령화사회에서 인생 이모작을 준비해야 한다는 이야기는 이미 상식이다. 그러나 가깝게 주위를 둘러봐도, 여전히 우리 사회는 준비 없는 은퇴를 맞고 있다.

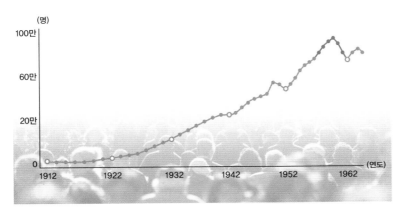

◆ 대한민국의 연도별 출산인구 곡선

1910년부터 1950년대 초반까지 완만하게 진행되던 곡선이 갑자기 절벽에 오른 것처럼 가파르게 상승한다. 1958년에는 출생 인구가 처음으로 100만 명을 돌파하며 정점을 찍었다. 베이비붐 세대는 바로 이 시기, 1955년부터 1963년 사이에 태어난 인구 집단을 말한다.

　문제는 향후 5년 동안 진행될 베이비붐 세대의 은퇴가 사회 전체에 미치는 충격이 엄청나게 클 것이라는 데 있다. 거대한 집단적 충격이 예고되고 있다. 아직은 막연하게 느껴지는 이 문제의 실체는 무엇일까.

　우선 베이비붐 세대에 대해 알아보자. 우리 사회에서 어떤 역할을 해왔고, 또 이들에게 닥친 위기는 우리 사회 전반에 어떤 영향을 미칠까? 베이비붐 세대란 1955년부터 1963년 사이에 태어난 인구 집단을 말한다. 1950년대 중반, 한국전쟁으로 흩어졌던 가족이 다시 만나고 전란의 상처가 아물기 시작하면서 인구가 폭발적으로 늘어났다. 총인구 2100만 명인 나라에서 전체 인구의 3분의 1이 넘는 800여만 명의 신생아가 출생한 것이다. 급기야 정부는 처음으로 산아제한정책을 실시하기에 이른다. "덮어 놓고 낳다 보면 거지꼴을 못 면한다." 당시의 구호가 그 절박함을 그대로 드러낸다. 폭발적인 인구 증가는 산아제한정책이 실시된 지 1년 만인 1963년도에 끝이 난다. 이때 태어난 베이비붐 세대들이 지금 우리나라에서 가장 많은 인구 층을 형성하고 있다.

거대한 인구 집단인 베이비붐 세대가 우리나라에만 있을까. 그렇지 않다. 중국, 일본, 미국, 캐나다, 호주, 유럽 등 전 세계 곳곳에 있다. 이 나라들의 공통점은 전쟁이 끝난 직후 폭발적인 인구 증가를 경험했다는 것이다. '베이비붐'이라는 말을 낳은 미국에서는 1946년부터 1964년까지 무려 7700만 명의 사람들이 태어났다. 이들은 미국 역사상 가장 부유한 세대로 불린다. 버락 오바마, 빌 게이츠, 마돈나, 마이클 잭슨과 같은 이들이 미국 베이비붐 세대의 상징이다.

우리나라에서는 그 유명한 '58년 개띠'들이 베이비붐 세대의 절정을 찍은 이들이라고 할 수 있다. 그들은 현재 우리나라 경제활동인구 다섯 명 중 한 명, 생산가능인구의 20퍼센트를 담당하고 있다.

그런데 이들이 정년을 맞이하고 있다. 문제는 우리 사회가 지금 이들의 은퇴를 뒷받침할 만한 상황이 아니라는 데 있다. 경제성장률 저하, 조세 수입 감소, 막대한 사회보장비용 지출 등 엄청난 파장이 예상된다.

문제의 핵심은 베이비붐 세대들이 별 준비 없이 은퇴를 맞이하고 있다는 것이다. 2011년 보건복지부의 설문조사에 따르면 은퇴 준비가 충분하다고 대답한 베이비붐 세대는 2.2퍼센트로, 100명 중 2명에 불과했다. 부모를 부양하고 자녀를 양육하느라 정작 본인의 은퇴 준비는 엄두도 못 낸 것이다.

이들에게 조만간 다가올 '은퇴'는 당황스럽고 불안한 미래다. 그리고 이것은 결코 그들만의 문제가 아니다. 준비 없는 은퇴는 개개인에나 사회에나 해제 장치 없는 시한폭탄과 같다. 그러면 정말 이들 베이비붐 세대들은 자산이 없는 걸까? 소위 '긴 세대'로서 부과된 의무를 다하며 살아오느라 빈털터리일까?

## '벽돌'에 갇힌 스페인의 베이비붐 세대

개인의 경제적 능력에 따라 차이가 있겠지만, 분명한 건 전체적으로 보면 자녀 세대가 베이비붐 세대보다 더욱 힘든 삶을 살 것이라는 점이다. 그래도 베이비붐 세대는 고도성장기를 살았기에 돈을 벌고 투자도 할 수 있었다. 그러나 앞으로 저성장 시대를 살아야 하는 젊은 세대는 그렇지 않다. 그들은 부모를 모실 능력이 되느냐 안 되느냐의 문제가 아니라, 일단 자기 자신부터 살아남을 수 있느냐 없느냐가 더 큰 문제인 세대다.

자녀에게 부양받기를 기대할 수 없는 이런 상황에서, 베이비붐 세대는 자력으로 노후를 살아야 한다. 이들은 그럴 여력이 충분할까? 베이비붐 세대는 경제적으로 어떤 상황에 처해 있을까?

베이비붐 세대의 자산 상황을 살펴보면, 의외로 가난하지는 않다. 오

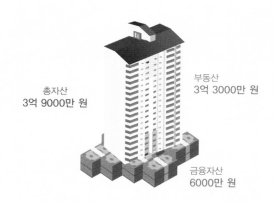

총자산
3억 9000만 원

부동산
3억 3000만 원

금융자산
6000만 원

히려 미국과 마찬가지로 우리나라 베이비붐 세대가 전 세대에서 가장 많은 자산을 가지고 있다. 그렇다면 그들이 가진 자산은 무엇인가?

베이비붐 세대의 평균 자산은 3억 9000만 원이다. 그런데 이 중 현금이 차지하는 비율은 6000만 원 정도밖에 안 된다. 그러면 나머지는 뭘까? 바로 부동산이다. 그것도 십중팔구는 아파트다. 웬만큼 살던 중산층도 은퇴하면 '아파트 한 채만 달랑 남는다'는 말이 여기서 나온다. 즉, 그들이 보유한 자산 중에 금융자산, 현금이 차지하는 비율이 얼마 안 된다는 것이다. 은퇴 후 쓸 돈이 없다는 말이다.

그렇다면 지금 베이비붐 세대가 맞고 있는 위기는 단순히 경기침체로 집값이 폭락해 자산가치가 떨어진 것의 문제일까? 집값이 회복되면 대안이 생길까? 이 문제를 이해하기 위해 스페인 베이비붐 세대의 삶을 한번 들여다보자.

지구 반대편 스페인에서 1957년 태어나 고도성장기를 살아온 파코 가르시아 알바레스 씨. 그는 온 가족이 함께 사는 아늑한 집을 마련하기 위해 평생 누구보다 열심히 살아왔다. 그리고 2002년 마침내 전 재산 40만 유로(약 5억 원)를 들여 집을 장만했다. 그에게 '내 집 마련'은 중산층 으로의 진입을 의미했다.

그러나 2008년 세계 금융위기와 함께 스페인의 주택 가격이 폭락했 다. 파코 씨의 집도 가격이 반 토막 났고, 지금은 은행 대출금을 갚지 못 해 쫓겨나기 직전이다. 그와 가족의 삶은 완전히 달라졌다. 평생을 세금 한번 체납한 적 없이 성실히 살아온 그에게 이제 남은 것은 아무것도 없 다. 자신의 전 재산이자 노후 대책이었던 집도, 아침에 눈만 뜨면 향하 던 직장도 사라졌다. 그는 지금 상황이 믿기지 않는다.

스페인 내전 이후 경제가 회복되기 시작한 1957~1977년 사이에 태 어난 1500여만 명의 베이비붐 세대. 이들 대부분이 오늘날 파코 씨와 비슷한 상황에 놓여 있다. 그리고 스페인이라는 나라의 풍경도 달라지 고 있다.

수도 마드리드 외곽에 위치한 전원 신도시 시우다드 발델루스. 이곳 은 한때 각종 투자가 몰리는 유망 투자처였다. 그러나 주택 가격이 폭락 하자 아파트 공사는 중단됐다. 신도시의 단꿈에 빠져 이곳으로 들어온 사람들은 교육, 의료 등의 기반시설이 제대로 갖춰지지 않은 유령도시 에서 빚에 허덕이며 살아가고 있다.

베이비붐 세대인 오노프레 씨 역시 부동산 버블 붕괴 전 풍경 좋은 바닷가에 집을 한 채 장만했다. 자녀의 미래를 위해 빚을 얻어 투자했지만 이제 그의 꿈은 점점 사그라지고 있다. 마치 마법에서 깨어나듯이 말이다.

또 다른 베이비붐 세대인 마리아 씨는 7년째 월급의 절반 이상을 빚 갚는 데 쓰고 있다. 그녀는 빚을 갚기 위해서라도 직장에서 계속 일할 수 있도록 배려해주기만을 바랄 뿐이다.

스페인 사람들에게 집은 각별하다. 특히 베이비붐 세대, 그중에서도 50~60대에게 '내 집 마련'은 인생에서 가장 중요한 목표였다. 주택을 기반으로 가계 경제를 쌓아온 그들에게 집은 노후 대책, 상속, 대출, 사업 등 다목적적인 가치이자 삶의 의미였다.

이들에게 '벽돌', 즉 집은 한때 금보다 더한 가치가 있었다. 너도나도 빚을 내 '벽돌'에 투자했다. 심지어 이민자들조차 대출을 받아 집을 마련할 수 있었다. 유럽연합에 가입하면서 스페인 금융당국이 저렴한 이자로 쉽게 돈을 빌려주었기에 가능한 일이었다. 은행 문턱은 턱없이 낮아 주택 가격의 100퍼센트까지 대출을 받을 수 있었고, 집값은 하루가 다르게 뛰었다. 월세를 내는 것보다 주택을 구입하는 것이 이득이던 시절이었다.

그러나 지금 스페인에서는 전 국민의 3분의 1이 부동산으로 생긴 가계부채를 감당하느라 허리가 휘고 있다. 이들 대부분이 베이비붐 세대다. 어떤 이들은 노후의 최후 보루인 연금마저 빚을 갚는 데 쓰고 있다.

# 가진 건 많은데 쓸 돈이 없다

—

집이 족쇄가 되어 옴짝달싹 못 하는 스페인 베이비붐 세대는 우리와 쌍둥이처럼 닮았다. 우리나라에도 집, 특히 아파트 때문에 울고 웃는 사람들이 많지만, 이 문제는 아래 세대보다 윗세대인 베이비붐 세대에게 더 난제로 다가올 것이다. 이들의 삶은 스페인의 베이비붐 세대와 어떻게 다르고 또 같을까?

베이비붐 세대의 상징이라 할 수 있는 '58년 개띠' 김기배 씨. 40여 년 전 서울로 상경한 그에게 아파트는 꿈 자체였다.

김 씨는 1000만 원으로 서울 변두리 작은 아파트에 전세를 얻어 신혼생활을 시작했다. 이때 처음 그에게는 '빚'이 생겼다. 당시 아파트는 모두가 갈망하는 거주 공간이었다. 전국 아파트 모델하우스마다 엄청난 인파가 몰렸고, 매물이 나오기가 무섭게 팔려나갔다. 비록 자기 집은 아니었지만 김 씨는 이곳에서 중산층 진입의 희망을 품었다. '내 집 마련'을 목표로 누구보다 열심히 일한 시기이기도 하다.

5년 뒤 김 씨는 자신의 명의로 된 첫 아파트를 장만했다. 경북 상주에서도 한참 외진 시골에서 상경해 이루어낸 '내 집 마련'은 자수성가의 상징이었다. 그리고 몇 년 뒤 그는 또 한 번 꿈을 이루었다. 서울 강남에 입성한 것이다. 중학교에 들어가는 아들의 교육을 고려해 내린 결정이었다.

이때부터 아파트를 둘러싼 욕망의 레이스가 펼쳐지기 시작했다. 아파

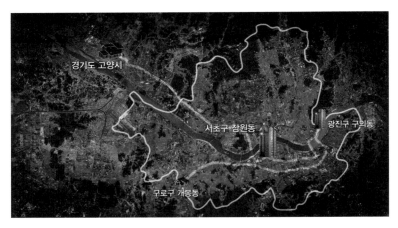

서울 변두리에서 생활을 시작한 김기배 씨는 자녀 교육 시기에 강남으로 이주했다가 은퇴를 앞두고 경기도의 작은 아파트로 이사했다. 김 씨의 주거지 이동 궤적은 한국 사회 베이비붐 세대의 전형을 보여준다.

트 가격이 천정부지로 치솟았다. 그야말로 자고 일어나면 수천만 원씩 집값이 뛰었다. 김 씨 또한 살 때보다 두 배 오른 값으로 팔았지만, 1년 만에 집값은 또다시 두 배로 껑충 뛰었다.

그리고 지난 2015년, 은퇴를 앞둔 김기배 씨는 어쩌면 마지막이 될지도 모르는 또 한 번의 선택을 했다. 하지만 이번엔 서울이 아니었다. 내외가 사는 집을 줄여서 경기도의 작고 편한 아파트로 이사한 것이다. 집 크기는 절반으로 줄었다. 자신은 돌아볼 틈도 없이 가족을 위해 숨 가쁘게 달려온 김 씨. 그러나 현재 그의 손에 남은 건 서울 외곽의 '아파트 한 채'가 전부다.

이 과정이 말하는 바는 무엇일까. 사실 이것은 전형적인 소비 과실로 인한 손실이다. 부동산을 소비가 아닌 투자로 생각했기 때문에 벌어진 일이다. 즉, 100원짜리 물건을 1000원에 샀는데 거품이 꺼지고 보니 다시 물건 값이 100원이 되어 있는 상황. 문제는 이 잘못된 소비에 평생을 걸었다는 데 있다. 설령 그 정도의 손실은 아니더라도 사회 전체가 부동산 가격을 너무 높여 놓는 바람에 수입 대부분을 부동산에 쓰며 살아왔던 베이비붐 세대는, 이제 가난하지는 않아도 쓸 돈이 없는 세대가 되었다. 그런데 이들이 이제 은퇴까지 한다.

우리보다 조금 앞선 2012년부터 산업 일선에서 썰물처럼 빠져나간 일본 베이비붐 세대는 은퇴를 어떻게 준비했을까? "은퇴 자금 마련을 위해 어디에 투자했느냐"라는 질문에 우리나라 베이비붐 세대는 42퍼센트가 부동산을 꼽은 반면, 일본 베이비붐 세대는 단 3퍼센트만이 부동산에 투자했다고 답했다. 왜 이런 차이가 발생할까?

1947~1949년 사이에 태어난 일본의 베이비붐 세대를 '덩어리'라는 뜻의 단카이(團塊) 세대라고 부른다. 이들은 1970~1980년대 고도성장을 이끌며 일본을 세계 제2의 경제대국으로 이끈 주역이다. 1980년대 말 일본의 부동산 가격이 폭등하자 '부를 낳는' 부동산에 자금이 몰려들었다. 단카이 세대 역시 너도나도 빚을 내어 아파트에 투자했다. 그러나 1991년 부동산 가격이 급락하며 버블이 붕괴되자 가장 큰 타격을 받은 건 다름 아닌 단카이 세대였다.

단카이 세대에게 부동산 버블 붕괴는 중요한 교훈을 남겼다. 더 이상 부동산을 '투자 목적'으로 생각하지 않게 된 것이다. 실제로 1980~1990

넌대까지 60퍼센트대를 웃돌던 부동산 자산 비율이 버블 붕괴 이후에는 급락하여 2000년대에는 40퍼센트대로 줄어들었다.

경제활동을 왕성히 하던 때에 부동산 버블 붕괴를 겪은 단카이 세대는 그만큼 회복할 시간이 있었다. 그들은 노후를 대비해 저축하거나 주식에 투자하는 등 현금자산을 더 많이 보유하는 쪽으로 방향을 바꿨다. 그 덕에 현재 비교적 넉넉한 현금과 연금 혜택으로 은퇴를 맞이할 수 있게 되었다.

하지만 우리나라 베이비붐 세대는 사정이 다르다. 우리나라 가계의 자산구조를 살펴보면, 전체 자산에서 부동산이 차지하는 비중이 75퍼센트다. 베이비붐 세대를 기준으로 하면 무려 83퍼센트나 된다. 이는 세계에서 가장 높은 수치로, 상당히 기형적인 형태다. 반면에 일본은 우리나라의 절반 수준인 40퍼센트, 영국·프랑스·이탈리아 또한 50퍼센트 내외, 미국은 30퍼센트다. 오직 스페인만이 우리와 비슷하다.

이렇듯 오로지 부동산에만 투자하다 보니 부동산에 대한 기대와 관심, 위험성 또한 높아질 수밖에 없었다. 정치권에서도 이런 심리를 이용해 선거 때마다 부동산과 관련된 장밋빛 공약을 남발해왔다. 그러다 보니 이 문제를 사회적으로 해결하려는 노력은 점점 뒤로 미루어졌다. 그러나 이제 대한민국 부동산의 전망은 어둡다. 앞으로의 부동산 시장은 저출산과 인구 감소, 고령화, 가족 해체 및 1~2인 가구의 급증 등 불안 요인이 많다.

앞서 살펴본 스페인의 사례를 다시 떠올려보자. 금융위기 전 스페인

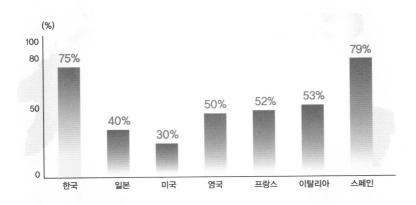

◆ 세계 가계자산 대비 부동산 비율

베이비붐 세대들은 대출로 집을 구매했다. 자신이 살고 있는 도시에 첫 번째 집을, 휴가철용으로 바닷가에 두 번째 집을 구매하는 식이었다. 시세차익을 노리고 더 많은 집을 구매하는 사람도 많았다. 집값이 끊임없이 오를 것이라고 생각했기 때문이다. 그러나 부동산 버블 붕괴 이후 상황은 급변하고 말았다.

많은 사람들이 빚을 갚지 못해 자기 집에서 쫓겨났고, 가계 부채로 고통 받는다. 이제 스페인의 젊은 세대는 집을 사지 않는다. 미래가 불확실하기 때문이다. 일자리는 점점 구하기 어려워지고, 어렵게 구한 일자리를 장기간 유지할 수 있을지조차 의문이다. 이러한 상황에서는 장기 대출 또한 위험하다. 고용불안, 일자리 감소 등 스페인의 젊은 세대가 겪고 있는 어려움은 우리와 별반 다르지 않다.

# 아파트 가격이 오른다면
# 베이비붐 세대는 안전망을 되찾을 수 있을까

—

그런데 아직도 많은 베이비붐 세대들이 여전히 아파트에 기대를 걸고 있는 게 현실이다. 아파트가 과연 이들에게 안전망이 될 수 있을까?

만약 아파트에 대한 기대감이 충족되어 물가상승률만큼 아파트 가격이 오른다면 어떤 일이 벌어질까? 시뮬레이션을 해보자. (가상의 인물을 통해 분석해보는 이 시뮬레이션은 국내외 다양한 경제 여건, 우리나라 물가변동, 금리 수준, 개인 소득 변화, 상속 등 다양한 변수들은 제외됐다.)

베이비붐 세대인 김철수 씨. 그는 서울 노원구 중계동에서 35평대 아파트에 살고 있다. 그에게는 장성한 아들이 하나 있다. 서른세 살 김영진 씨. 그는 아내와 맞벌이하며 한 달에 450만 원을 벌어 350만 원 정도를 쓴다.(통계청에서 발표한 39세 이하 가구주인 도시근로자 가구의 평균 가계소득과 평균 지출 기준.) 돌이 갓 지난 아이 양육비에 기본적인 생활비, 세금, 연금까지 다 합친 금액이다. 매달 여윳돈은 100만 원가량.

1958년생인 김철수 씨는 마흔세 살에 지금 살고 있는 아파트를 장만했다. 현재 5억 원 정도에 거래되고 있다. 지난 10년간 서울의 평균 물가상승률(2.3퍼센트)만큼 아파트 가격이 오른다고 가정하면, 10년 뒤 아파트 가격은 6억 1000만 원이 될 것이다.

그런데 아파트 가격이 6억 1000만 원이 되려면 누군가가 그 가격에 사야 한다. 살 사람이 있을까? 김철수 씨가 그랬던 것처럼 아들 김영진 씨가 마흔세 살에 아파트를 사려고 할 때 어떤 일이 벌어질까?

김영진 씨의 소득 또한 물가상승률만큼 오른다고 가정하고, 매달 여 윳돈을 모두 저축할 경우에 10년 동안 모을 수 있는 돈은 약 2억 원이 다. 6억 1000만 원의 아파트를 사려면 4억 1000만 원이 부족하다. 어떻 게 해야 아파트를 살 수 있을까? 대출밖에 방법이 없다. 무려 4억 1000만 원이나 빚을 져야 한다. 이 돈은 김영진 씨 부부가 실직하지 않고, 현재 추세대로 소득·지출·물가 등이 상승한다고 가정하더라도 약 22년 뒤, 환갑 이후가 돼야 갚을 수 있는 금액이다.

그런데 문제는 이 4억 1000만 원이 김영진 씨 혼자만 져야 할 빚이 아 니라는 것이다. 통계청에 따르면, 10년 뒤 서울에 김영진 씨와 같은 주 택 수요를 결정짓는 35~49세 가구 수는 약 45만 호 정도로 예상된다. (2025년 우리나라 35~49세 연령 가운데 서울에 거주하는 약 100만 가구 중 자가 소비 비율 45퍼센트 반영.) 이 45만 가구가 아파트를 사기 위해 4억 1000만 원씩 대출받는다고 가정해보자. 단순 곱하기만 해도 약 185조 원이라는 천문학적인 빚이 서울에서 발생한다. 이는 우리나라 한 해 예 산의 절반에 이르는 수치다.

이 시뮬레이션은 이미 현실이 되고 있다. 한 언론사와 경제연구소에 서 판교 신도시 아파트 단지 900여 세대를 분석했다. 그 결과 아파트 매 입자 30~40대 중 빚을 져서 아파트를 매입한 사람이 60퍼센트가 넘었 다. 평균 부채액도 2억 6000만 원 정도다.

김영진 씨와 같은 대한민국 평균 중산층 맞벌이 가정도 빚 없이는 부모 세대와 같은 집을 사기 힘든 게 현실이다. 그야말로 로또에 당첨되거나 부모로부터 집을 상속받지 않는 한, 아파트로 인한 가계 부채는 늘어날 수밖에 없다. 결국 베이비붐 세대의 아파트 가치를 유지하기 위해서는 자녀 세대가 빚을 물려받아야 한다. 이는 사회 전체의 생산성과 소비력을 더 떨어뜨리는 결과를 가져올 것이다.

## 투자와 유지가 아닌
## 새로운 일을 하는 인생을 준비해야

출산 붐을 타고 태어나서 경제성장 붐, 사교육 붐 등을 겪은 베이비붐 세대는 우리나라 경제 및 사회 현상의 중심이었다. 부동산 붐 또한 마찬가지였다. 부모를 부양하고 자식을 키우는 샌드위치 세대로서 부동산 투자는 어쩌면 자산을 늘리기 위한 불가피한 선택이었을 것이다. 하지만 더 이상 노후를 아파트라는 하나의 광주리에 담아둬서는 안 된다.

평생을 앞만 보고 달려왔지만 은퇴 무렵 남겨진 거라고는 집 한 채가 전부인 베이비붐 세대. 이들이 더 이상 부모나 자녀가 아닌 자신을 위해 살아가려면 어떤 선택을 해야 할까? 베이비붐 세대의 미래를 위한 선택, 그 대안은 바로 '일자리'다.

물론 청년실업이 넘쳐나는 시대에 은퇴 세대가 다시 일자리를 갖기란 쉬운 일이 아니다. 여기에 스스로 위축된 심리는 더 큰 장벽이다. 이미 평균수명이 늘어 은퇴 시점인 65세에도 충분히 건강을 유지할 수 있건만, 스스로 늙어버렸다는 인식을 갖는다면 삶의 변화를 맞이하는 데 소극적일 수밖에 없다.

사회적으로도 은퇴를 주류에서 밀려나는 것으로 여기는 인식을 바꿔나가야 한다. 모든 것이 빠르게 변하는 요즘과 같은 시대에는 '평생직장'에 얽매일 것이 아니라 시대와 인생 주기에 따라 새로운 기술을 배우고 적응하며 살아가려는 노력이 필요하다.

실제로도 점차 다른 인생을 선택하는 이들이 늘고 있다. 은행 지점장을 하다가 은퇴한 뒤 보일러공으로 새 삶을 시작한 이만호 씨. 그는 현재 자신이 지점장을 역임했던 은행 건물의 지하 4층 보일러실에서 근무 중이다. 이 씨는 올해로 3년째 건물 난방기를 점검하고 관리하는 보일러공으로 일하고 있다.

그도 한때는 '대출의 달인'이라는 별명을 얻으며 은행 지점장까지 고속 승진했지만, 2010년 회사를 나올 당시에는 다른 베이비붐 세대와 다를 바가 없었다. 남은 자산이라고는 덜렁 집 한 채뿐이었다. 이 씨는 아파트가 노후를 보장해주리라는 확신이 없었다. 남은 삶을 잘 살기 위해서는 자신만의 무기가 필요했다. 그가 선택한 것은 기술이었다.

이 씨의 사례에서 가장 주목할 점은 그가 새롭게 배운 이 기술을 매우 좋아한다는 것이다. 과거에도 은퇴자들이 은퇴 후의 삶을 위해 전문 기술을 배우거나 자격증을 따야 한다는 생각이 없었던 것은 아니다. 그러나 그런 준비를 할 때도 '자신이 좋아하는 일'을 발견하려 하기보다는 사회적으로 번듯해 보이는 일, 사무직 중심의 자격증, 돈을 쉽게 많이 벌 수 있는 일 등의 기준으로 접근하는 경향이 많았다.

하지만 이제는 저성장시대이고 더불어 수많은 동년배들이 한꺼번에 은퇴하는 시점이다. 이럴 때는 자기만의 기술을 가지는 게 무엇보다 중요하다. 특히 과거 가졌던 직업과 관련이 없더라도, 다양한 일에 도전해 보고 새로운 적성을 찾아내는 것이 중요하다.

은퇴 이후 180도 달라진 인생을 사는 이가 또 있다. 영어, 일본어, 중국어에 능통한 외국인 관광택시기사 이춘계 씨. 대기업에 입사해 계열사 대표이사까지 역임한 그는 은퇴 후 택시로 인생 2막을 열었다.

2008년에 은퇴한 이 씨 또한 처음엔 막막했다. 30년 동안 매일 아침 눈을 뜨면 일하러 갈 직장이 있었는데, 퇴직하고 나서는 갈 곳이 없었다. 수명은 점점 늘어나 살날은 많은데 계속 아무 일도 안 하고 지내는 것은 고역이었다. 그는 외국어 실력을 밑천 삼아 택시 운전을 시작했다.

이 씨가 처음 택시기사를 한다고 했을 때 주변의 많은 친구들이 만류했다. 일은 고된데 수입은 얼마 안 돼서 석 달 버티기도 힘들 거라고들 했다. 오직 그의 아내만이 퇴직하고 노느니 다만 얼마라도 버는 게 낫다며 용기를 북돋아주었다. 지금은 얼마 안 되지만 고정 수입이 있고 매일 아침 일하러 갈 곳이 있다는 게 커다란 자산이고 위안이다. 이 씨는 지금도 손님을 기다리는 틈틈이 외국어 공부를 한다.

그는 새로운 일을 하려면 과거 자신이 누리던 직위나 수입에 연연해서는 안 된다고 조언한다. 눈높이를 낮추고, 자신이 즐겁게 할 수 있는 일을 찾아 긍정적으로 하는 것이 중요하다고 말한다.

자신이 근무하던 은행 지하실에서 보일러를 수리하고, 대기업 임원 출신으로 택시를 몰기가 쉽지는 않았을 것이다. 하지만 그들은 이제 '눈치 보지 않는 삶'을 살 준비를 해야 한다고 말한다. 우리보다 앞서 초고령사회에 접어든 일본의 경우, 나이 든 이들이 초라해 보이는 직업을 갖는 것을 부끄러워하지 않는다. 그런 태도로 길어진 인생을 살 수 없음을 깨달았기 때문이다. 그 세대들이 자신의 일에 대해 먼저 자부심을 가져야, 다른 세대도 그들을 존중하는 마음이 생길 수 있다.

그동안 베이비붐 세대는 생존 경쟁에서 살아남는 것이 무엇보다 중요했다. 그러다 보니 자신이 하고 싶은 일보다는 할 수 있고, 해야 하는 일에 집중해왔다. 그러나 이제는 잠시 쉼표를 찍고, 자신이 하고 싶은 일이 무엇인지 고민해볼 때다. 제2의 인생에서 중요한 것은 돈보다 성취감과 행복이라는 자산이다. 현재 60~65세인 정년을 늘릴 것인가 줄일 것인가, 자영업자에 대한 사회적 지원을 확대할 것인가의 논의에서 기준으로 삼아야 하는 것도, 이 세대들이 성취감과 행복을 느낄 수 있는 삶의 방식인가 아닌가 하는 점이다.


## 베이비붐 세대를 새로운 성장 동력으로

—

은퇴 이후의 삶을 흔히 제2의 인생, 인생 2막이라고 한다. 이제까지의 삶과는 조금 다른 삶이라는 의미다. 앞만 보고 내달리며 경쟁하기보다는 천천히 주변을 살펴가며 상생하는 삶. 자신이 즐기며 할 수 있는 일이 무엇인지 찾고, 또 무엇을 나누며 살아갈지 고민하는 삶이 필요하다. 일에 대해서도 마찬가지다. 이제 고령화사회에서 베이비붐 세대가 가지게 될 제2의 직업이 그 이전에 자신들이 일해온 시간보다 더 길 수도 있다.

우리 사회는 이제까지 평균 20대에 취업해 60대에 은퇴하는 일모작 경제활동을 해왔다. 하지만 수명 연장 시대에는 40대 후반부터 준비를 시작해 50대 중반 은퇴하기 전 또 한 번의 경제활동에 뛰어드는 이모작 경제활동이 필요할 것이다. 그럴 때 일모작 시기에 가졌던 일자리와 유사한 일자리를 가지지 못한다고 해서 스스로 좌절할 필요는 전혀 없다. 20대의 나와 50대의 내가 완전히 다르듯이, 일자리도 마찬가지다. 연령대에 맞추어 경험과 연륜이 필요한 직업을 선택한다면 청년세대와는 다른 일자리 시장에서 충분히 자신의 인생을 만들어나갈 수 있다.

그리고 그것이야말로 고령화사회를 맞이하는 우리가 선택할 수 있는 유일한 대안일 수 있다. 만약 베이비붐 세대가 생산 인구에서 은퇴하여 부양 세대로 바로 넘어간다면 고스란히 사회적 부담이 되지만, 이들이 다시 한 번 생산과 소비의 중심에 선다면 사회에 새로운 활력을 가져올 수 있기 때문이다.

그동안 베이비붐 세대는 자신들만의 정체성으로 새로운 문화를 만들어왔다. 그들은 사회 변화를 주도하며 누구보다 치열하게 살아왔다. 물론 부동산 버블 등 살아남기 위해 자초한 악순환의 고리도 가지고 있는 게 사실이다. 그러니 후세대에게 그 악순환의 고리를 넘겨주지 말고, 과감히 끊고 다시 한 번 새로운 미래를 선도해나가야 한다. 우리의 산업 구조와 사회 시스템은 이들이 과거의 잘못된 고리에서 벗어날 수 있는 방향으로 전환되어야 한다. 그럴 때 각 개인의 삶의 미래도, 우리 공동체의 미래도 바뀔 수 있다.

어쩌면 이 베이비붐 세대를 통해 저성장 시대에 필요한 새로운 성장 동력을 만들어낼 수도 있다. 그들은 여전히 우리 사회 인구의 다수를 점하고 있지 않은가.

# 700만 베이비부머, 기로에 서다

최진영 PD

"저축을 모두 주택에 투자했어요. 집을 사거나 부동산 프로모션을 이용하기도 했지요. 모두가 '벽돌'에 투자하라고 했습니다. 벽돌이 금보다 좋은 것이라고 하면서요. 그 얘기를 듣고 모두가 집을 샀지요."

취재 과정에서 가장 기억에 남는 스페인의 파코 가르시아 알바레스 씨와의 인터뷰다. 버려진 집들이 듬성듬성 놓인 마을 한 끄트머리에 있던 파코 씨의 집. 제작진에게 대문을 열어줄 때만 해도 스페인 사람 특유의 밝은 미소를 보였다. 하지만 집 안을 함께 둘러보며 이야기를 시작하자 이내 눈가가 붉어졌다. 베이비붐 세대인 그는 "이 집은 저와 가족 그리고 아이들의 꿈이었다"고 고백했다.

파코 씨는 20대 초반부터 30여 년을 출판업에 종사해왔기에 그 분야에서만큼은 자신 있는 사람이었다. 우리에게 직접 출간한 책을 보여주기도 했다. 스페인 호황기를 타고 누구보다도 착실히 돈을 모아왔고, 남들처럼 평화롭게 은퇴생활을 할 것으로 믿었다.

하지만 '투자하지 않으면 바보'라고 통하던 때에, 가지고 있던 여유 자금을 모두 주택에 투자한 것이 화근이었다. 집값이 폭락하면서 빌린 돈을 갚지 못하는 상황에 놓였다. 이제 그는 페인트칠이나 파손 수리 등 기본적인 유지보수도 하지 못하는 집에서 하루하루를 살아간다.

파코 씨의 자녀들도 그를 도와줄 여력이 없는 상태다. 30대 초중반인 두 딸은 불경기 속에 직장을 잃은 뒤로 마땅한 돈벌이를 구하지 못했다. 자녀에게 부양받기는커녕 손녀딸마저 돌봐야 하는 실정. 여생을 어떻게 살아야 할지 출구가 까마득해 보인다.

파코 씨의 상황은 한국의 베이비붐 세대를 떠올리게 했다. 자산의 70퍼센트를 집에 묶어둔 상황에서 당장 은퇴 후 쓸 여유자금이 부족하고, 자녀세대로부터 부양받기를 기대할 수도 없기 때문이다. 대한민국 역사에서 가장 호황기를 누린 세대, 잘살 수 있다는 희망으로 국가경제를 이끌어온 세대. 그러나 베이비붐 세대의 집단적 은퇴를 앞둔 지금 시점에서 많은 우려가 제기되는 것이 현실이다. 방송은 이 문제의 해답을 찾는 여정이었다.

처음에 제작진이 베이비부머 은퇴와 관련해 눈을 돌린 곳은 일본이었다. 우리나라가 일본의 저출산 고령화 기조를 그대로 답습하고 있기 때문이다. 흔히 일본을 한국의 미래라고 하지 않던가. 더욱이 일본 베이비붐 세대인 '단카이 세대'는 일본의 사회, 경제, 문화의 발전을 이끈 집단이었다. 이들의 퇴직이 한국과 5년 정도의 시차를 두고 진행되고 있었기에 일본에서 한국의 미래를 찾고 싶었다.

하지만 일본 단카이 세대의 상황은 한국과 사뭇 달랐다. 제작진은 당황했다. 세밀히 들여다보니 이유가 명확했다. 일본의 경우에는 '이미 겪었거나 예상됐던' 문제였던 것이다. 다시 말하면, 일본은 1990년대 초반에 경제버블 붕괴를 겪고 난 후 기형적인 자산구조를 변화시킬 수밖에 없었다. 그들에게는 시간이 있었다. 이제 단카이 세대에게 주택은 자산의 40퍼센트 정도만 차지할 뿐이다.

또한 일본 정부는 단카이 세대의 은퇴가 닥치기 전에 정부와 민간 차원에서 실질적인 대책을 마련해두었다. 그래서인지 우리가 만난 일본 단카이 세대는 사뭇 여유로워 보였다. 고령화 저출산의 몸살을 앓고 있는 일본이지만, 상대적으로 베이비붐 세대의 재정상황은 안정적으로 보인다. 한국과 비교하자면 당장 현금화할 수 있는 여유자금이 있다는 점이 주요한 듯했다.

"우리 단카이 세대는 특수한 세대입니다. 인구가 많았기 때문에 경쟁심도 강하고, 48시간 이상 잠을 자지 않고 일했던 사람도 있습니다. 민주화 투쟁에도 힘썼고요."

은퇴자들이 많이 모인다는 카페에서 만난 한 중년 신사가 제작진에게 설명한 단카이 세대의 모습이다.

한국의 베이비부머 또한 성장 시대의 숙명 아래 누구보다도 충실히 살아왔다. 또한 시대의 욕망에 따라 자산구조를 기형적으로 만들 수밖에 없었다. 그 과거로 인해 이제는 현재가 위태롭다. 청년세대에게나 베이비붐 세대에게나 안정적인 버팀목이 마련돼 있지 않은 한국에서 지혜로운 개인은 어떤 선택을 할 수 있을까? 은퇴를 앞둔 대한민국 베이비붐 세대는 이제 어떤 선택을 해야 할 것인가? 우리 모두의 숙제다.

明見萬里

# 2 장

# 인구쇼크의
# 시나리오

—

**과연 사람이 줄어드는 게 문제일까**

22세기, 지구상에서 제일 먼저 사라질 나라로 꼽힌

대한민국.

인구가 줄어들면 경쟁이 줄어들어

삶의 혜택이 늘어날 것이라 했던 장밋빛 전망은

왜 감쪽같이 사라졌는가.

지금은 누구나 출산장려를 외치지만,

저출산을 독려했던 것이 불과 20여 년 전.

예측이 틀렸던 것일까 해법이 틀렸던 것일까.

그리고 우리는 살아남을 수 있을까?

# 인구쇼크의
## 시나리오

> 과연 사람이 줄어드는 게 문제일까

### 충격적인 22세기 시나리오
### 지구상에서 제일 먼저 사라질 나라, 대한민국

—

여기 충격적인 22세기 대한민국 시나리오가 있다. 2100년, 5000만이 넘었던 인구는 반 토막이 난다. 인구 감소는 서울 지하철 노선도 바꿔놓아 9개 노선 중 4개가 폐선된다. 잠재성장률은 진즉에 0퍼센트대에 머물러 있고, 국민연금은 바닥을 드러낸 지 오래다. 국가 파산 위기 이후 세금과 공공요금은 날로 치솟고 있다. 국토의 절반, 사람이 살지 않는 지방도시들은 방치된 채 황폐화된다.

2400년, 한때 대한민국 제2의 도시였던 부산에서는 탈출 행렬이 일어난다. 이들은 도시 기능이 마지막까지 남아 있는 경기권으로 이주한다. 2413년, 텅 빈 도시에 마지막 아기 울음소리만 들린다. 부산 성장을 상징했던 영도다리는 흉물로 변한다. 2505년, 천만 인구를 자랑했던 수도 서울에 마지막 시민이 태어난다. 그리고 2750년, 대한민국은 지구상에서 가장 먼저 소멸하는 나라가 된다.

이 시나리오를 보면 어떤 생각이 드는가? 현실성 없는 공상 같기도 하고, 황당하고 허무맹랑한 주장처럼 들릴지도 모르겠다. 다음 세대만이 겪을 먼 이야기로 들릴 수도 있다. 그러나 이것이 실제 벌어지는 일이고, 그리 머지않은 미래에 바로 우리가 맞닥뜨릴 위기라는 이야기를 들으면 생각이 조금은 달라질지도 모른다.

이 충격적 시나리오는 얼마 전 우리 사회의 주요 기관들이 예측한 대한민국의 미래다. 삼성경제연구소의 〈저출산 극복을 위한 긴급제언〉(2010)은 2100년에 한민족 인구가 절반으로 줄고, 2500년에는 인구가 33만 명으로 줄어 장기적으로는 소멸할 우려가 있다고 경고한다. 국회 입법조사처가 분석한 〈합계출산율 1.19명 지속 시 대한민국 향후 총인구변화〉(2014) 또한 암울하기는 마찬가지다. 120년 후인 2136년 우리나라 인구는 천만 명으로 줄어들고, 2750년이면 대한민국에 사람이 살지 않는다. 이는 500여 년 동안 합계출산율이 1.19명(2013년 수준)으로 유지될 때의 인구구조 변화다.

세계 유수의 기관 또한 대한민국의 '인구 위기'를 경고한다. 2009년 유엔미래포럼에서 발간한 《유엔미래보고서 2》는 심각한 저출산으로 인해 2305년이 되면 한국에는 남자 2만 명, 여자 3만 명 정도만 남게 될 것이라고 내다봤다. 2006년 영국 옥스퍼드 대학 인구문제연구소가 꼽은 '지구상에서 제일 먼저 사라질 나라' 또한 대한민국이다.

이 위기는 먼 미래의 일이 아니라 조만간 마주할 현실이다. 시골뿐 아니라 도심에서조차 아이들 울음소리가 사라지고 있다. 우리나라 제2의 도시 부산은 이미 인구의 14퍼센트가 노인이고, 1.09명(2015년 부산 기준) 수준의 합계출산율이 지속된다면 대한민국에서 제일 먼저 사라지는 도시가 된다.

우리나라에서는 현재 급격한 고령화와 낮은 출산율 문제가 동시에 발생하고 있다. 출산율은 세계 224개국 중 하위 20개국 안에 들 정도로 심각하다. 초등학교 졸업앨범만 봐도 아이들이 줄어들고 있음을 실감한다. 2부제 수업, 콩나물시루 교실은 옛말이고, 지금은 한 반에 학생 수가 30명이 채 안 된다. 지방뿐 아니라 서울에서도 입학생이 줄어 초등학교를 통폐합한다는 이야기가 들린다. 국회 예산정책처에 의하면, 저출산·고령화가 지금 추세로 이어지면 2033년 국가재정 파산 위기가 오고, 2060년에는 잠재성장률이 0.8퍼센트로 떨어진다.

이 변화는 청년세대가 줄어들면서부터 시작되었다. 지난 10년간 우리 사회를 짊어질 15~29세 청년인구 65만여 명이 줄었다. 이는 서울의 종로구·중구·서대문구가 통째로 없어진 것과 맞먹는 수치다. 이제까지 이토록 급속하게 청년 인구가 줄어든 역사적 시기가 없었다. 우리 사회에서 청년이 사라지고 있다. 이 '청년 실종'은 무엇을 의미할까?

그 답을 찾기 위해 우리보다 먼저 청년 숫자가 줄고, 세계에서 최고로 인구 고령화가 진행된 일본으로 가보자. 초고령사회 일본을 통해, 청년이 사라진 사회의 미래를 짐작해볼 수 있을 것이다.

## 유령도시로 변해가는 일본 신도시들

—

도쿄 도심에서 불과 40분 거리에 있는 다마 시는 1970년대 도쿄 권역에 지어진 최초의 위성도시다. 이곳에는 대규모 아파트 단지가 밀집해 있었고 한때 도쿄로 출퇴근하는 사람들로 가득 찼었다. 그러나 30만 인구에 달했던 도시에서 12만 명이 넘는 사람들이 빠져나간 지금은 거리의 인적조차 드물다.

한때 입주 희망자가 넘쳤지만 이제는 빈집이 넘쳐난다. 15층짜리 아파트 한 동에 다섯 가구만 사는 것은 특별한 일도 아니다. 주민들이 하나둘씩 사라지면서 이웃 간의 관계도 단절됐다. 이곳에 남아 있는 주민 대부분이 혼자 사는 노인이다 보니 시설로 들어가는 경우가 많다. 반면 새로 입주하려는 젊은 사람은 없어 빈집이 점점 늘어간다.

사람의 온기가 사라진 다마 시는 유령도시로 변해가고 있다. 인적이 드물어 을씨년스럽기도 하지만, 더 큰 문제는 생활하기가 몹시 불편하다는 것이다. 빈집이 많아진 만큼 가구당 관리비가 늘었다. 조금이라도 관리비를 줄이기 위해 엘리베이터도 격층으로 운행된다. 주민이 너무

일본의 부동산 버블이 붕괴되면서 공동화 현상을 겪고 있는 다마 시. 한때 도쿄로 출퇴근하는 사람들로 가득 찼던 이곳은 지금 유령도시로 변해가고 있다.

줄어들다 보니 쓰레기 수거, 도로 보수, 상수도 수리 같은 일반적인 서비스도 힘들어졌다. 재건축은 꿈도 못 꾸고, 결국에는 철거만 기다리고 있는 실정이다.

다마 시는 1990년대 초 부동산 거품으로 집값이 다섯 배, 많게는 열 배까지 올랐던 곳이다. 하지만 거품은 순식간에 꺼졌다. 최고가 2500만 엔(약 2억 6000만 원)을 호가하던 집들이 이제는 500만 엔(약 5000만 원) 이하로 떨어졌다.

청년인구가 늘어날 때는 주택난 해결을 위해 신도시 건설이 필요했다. 하지만 자가 보급률이 100퍼센트를 넘은 뒤에도 일본 정부는 건설 경기 부양을 계속했다. 내수를 진작시키기 위해 금리를 파격적으로 내리자 싼 금리로 빌린 돈이 부동산으로 몰렸다. "도쿄 시의 4분의 1만 팔아도 미국 땅 전부를 살 수 있다"는 말까지 있을 정도로 일본의 부동산 버블은 극심해졌다.

그러나 이미 집을 사는 청년인구가 줄어든 데다, 거품으로 인해 집값을 감당할 수 없었던 젊은층들이 주택 구입을 포기했다. 부동산 버블은 순식간에 꺼졌고, 파격적인 저금리로 거품 낀 주택을 구입했던 중산층들은 '하우스푸어'로 전락했다. 그리고 지금 일본의 많은 신도시들이 다마 시와 같은 공동화 현상을 겪고 있다.

## '인구병(人口病)'에 걸린 나라는
## 어떻게 되나

일본은 1990년대 부동산 버블 붕괴로부터 시작된 불황이 지금까지도 계속되고 있다. 일본에서는 이 장기불황의 원인을 '진코뵤(人口病)', 곧 인구병에서 찾는다. 인구변화가 국토, 사회, 경제, 문화를 바꾸고 불황을 심화시키고 있다는 것이다.

인구병은 일본 곳곳의 풍경을 바꿔놓았다. 도쿄 중심가인 도시마 구에 위치한 스가모 시장은 '노인들의 하라주쿠'로 불린다. 연간 900여만 명의 사람들이 찾는 이 시장에서는 노인이 종업원이고 사장이며 손님인 풍경이 익숙하다. 800미터 남짓한 시장 거리에는 200여 곳의 노인용품 가게가 밀집해 있다.

스가모 시장의 대표 상품은 '빨간 팬티'다. 일본어로 '아카판츠(赤パンツ)'

'노인들의 천국'이라 불리는 도쿄의 스가모 시장. 이곳의 번화한 모습과 달리 뒷골목에서는 학생 수가 줄어들어 문을 닫게 된 초등학교 철거 공사가 한창이다.

라고 하는데, 붉은색 복대를 배꼽 아랫부분에 두르면 혈을 자극한다고 한다. 하반신이 따뜻해져서 수족냉증, 요통 등에 효과가 있다는 것이다. 이 '빨간 팬티'는 건강에 좋을 뿐 아니라 액운을 막아주고 무병장수하게 해준다는 의미까지 더해져 일본 노인이라면 누구나 하나씩 가지고 있는 제품이 되었다.

제품만이 아니다. 스가모 시장은 주요 고객인 노인들이 편하게 다닐 수 있도록 도로의 턱을 없애고, 글자 또한 크게 써서 잘 보이도록 배려했다. 지하철역 에스컬레이터도 노인들에 맞춰 속도를 늦췄다. 커져가는 실버시장을 잡기 위해서다.

하지만 북적이는 스가모의 이면은 다르다. 시장 뒷골목에서는 초등학교 철거공사가 한창이다. 학생 수가 줄어들자 인근 초등학교를 통폐합하기로 결정했기 때문이다. 지난 50년 동안 도시마 구의 초·중학생

80퍼센트가 사라졌다. 이 추세대로라면 도시마 구는 도쿄에서 가장 먼저 소멸하게 된다.

일명 '마스다 보고서'(일본의 전 총무장관 마스다 히로야가 쓴 인구예측 보고서, 2014)에 의하면, 지금과 같은 인구 감소 추세라면 2040년까지 일본의 1800개 지자체 가운데 절반가량이 자치기능을 잃고 소멸할 것이라고 한다. 일본 전체 국토의 61퍼센트에서 사람의 흔적이라고는 찾아볼 수 없게 되는 것이다.

여기서 핵심은 도심에서마저 인구가 줄어들고 있다는 점이다. 일찍이 인구가 꾸준히 감소해왔던 지방에서는 수십 년간 인구감소를 막기 위한 대책을 펼쳐왔다. 하지만 지방에서 태어난 청년들은 결국 도시로 떠나갔고, 이제는 도시에 사는 청년들마저 결혼하지 않고 아이도 낳지 않는다. 인구감소 대책을 단순한 지원정책 정도로 생각해서 드러난 한계다.

지난 1990년 일본의 생산가능인구(총인구 대비 경제활동을 할 수 있는 15~64세 인구) 비중은 69.7퍼센트로 최고점을 기록한 이후 급격히 하락하기 시작했다. 이는 부동산 가격, 경제성장률에도 즉각적인 영향을 미쳤다. 생산가능인구 비중이 줄기 시작한 시점에 부동산 가격, 경제성장률도 동반 추락했다.

왜 이런 일이 발생했을까? 가장 큰 원인은 청년인구 감소에 있다. 불황 20년 동안 청년인구의 3분의 1이 줄었다. 만 20세 진입 인구가 1990년 270만 명에서 2013년 122만 명으로 감소했다.

인구가 많았던 앞 세대는 그만큼 경제 규모도 컸다. 그런데 베이비붐 세대의 은퇴 이후 이들을 뒷받침할 청년세대는 충분하지 않다 보니, 경제·소비 규모도 같이 줄어들 수밖에 없었다. 이러한 '인구절벽' 현상은 전 세계적으로 인구의 많은 비중을 차지하는 베이비붐 세대가 한꺼번에 은퇴하면서 더욱 가속화되고 있다.

## 부양의 의무 vs 복지의 혜택

—

그렇다면 일본 청년들의 삶은 어떨까? 청년인구가 줄었으니 경쟁이 줄어 그만큼 편해지지 않았을까? 진학도 쉬워지고 취업문도 넓어지는 등 사회생활에 이점이 있지 않을까? 지금은 이런 질문이 얼마나 어이없는지 누구나 알고 있다. 하지만 불과 10여 년 전만 해도 전망은 달랐다.

경제학자 마쓰타니 아키히코의 책 《고령화·저출산 시대의 경제공식》(2005)을 보면 청년인구 감소로 인한 장밋빛 전망이 그득하다. 일할 사람이 줄어들면 노동력이 귀해질 것이므로 기업은 임금을 올리고 근무시간을 단축할 것이며 기업복지 또한 늘릴 것이라고 말이다.

하지만 예측은 보기 좋게 빗나갔다. 기업은 임금을 올린 게 아니라 삭감했다. 1990년대 후반부터 15년 동안 근로자 임금이 15퍼센트나 감소했다. 고용형태 또한 더욱 악화되어, 일하는 청년 3명 중 1명이 비정규직이 되었다.

그러다 보니 학교를 다니지도, 일하지도 않는 청년 무직자, '니트(NEET: Not in Education, Employment or Training)'가 늘어만 간다. 이들은 대략 60만 명 대로 추산되는데, 그 가운데 대학 졸업자도 상당수다.

청년들의 삶을 짓누르는 문제는 그뿐 아니다. 노동시장에서 소외된 청년들은 늘어난 노년층의 부양 부담까지 짊어져야 할 처지에 놓였다.

오오하시 준코 씨(67세)는 도쿄의 폐교된 초등학교를 리모델링한 실버타운에서 거동이 불편한 어머니 시미코 씨(91세)와 함께 살고 있다. 이곳에 거주하는 노인 대부분은 연금으로 집세와 생활비를 충당한다. 준코 씨 모녀 또한 한 달 생활비 35만 엔(약 350만 원)의 상당 부분을 연금으로 충당하고 있다. 장애가 있는 준코 씨는 국민연금과 장애연금을 합쳐 120만 원 정도를 매달 수령한다. 어머니 시미코 씨는 사망한 남편이 직장에 들어둔 후생연금을 대신 받고 있다.

여러 층으로 이뤄진 이 공적연금이 일본 노인들의 주요 소득원이다. 노인 가구의 월평균 가계수입은 180만 원 정도이며, 이 수입의 90퍼센트가 바로 연금에서 나온다.

그런데 일본의 연금 수급자가 빠르게 증가하고 있다. 국내총생산(GDP)의 10퍼센트가 넘는 액수인 678조 원이라는 돈이 매년 노령연금으로 사용된다. 이는 전체 복지예산의 70퍼센트 이상이다. 1억 인구를 돌파한 1960년대 말까지만 해도 일본은 40명의 청년들이 노인 1명을 부양하는 꼴이었다. 그러나 지금은 청년 2.5명이 노인 1명을 부양해야 한다. 그러다 보니 매해 빠르게 늘어나는 노령연금의 절반을 국채로 충당한다. 빚을 내서 노인복지를 하는 것이다.

일본은 지금 사회적 재원을 총동원해서 인구의 4분의 1인 노년층을 지탱하고 있다. 국가 재원이 노년층에 집중되다 보니 청년을 위한 정책이나 재원 마련은 더욱 힘들어졌다. 부양 의무만 있고 복지 혜택은 없는 청년들. 일본 젊은이들은 가난해질 수밖에 없는 구조 속에 놓여 있다.

여기에 더해 평균 수명이 너무 길어지면서, 윗세대의 자산이 아랫세대로 전달되지 않는 구조도 중요하게 지적되고 있다. 일본의 경제학자 모타니 고스케는 이렇게 말한다.

"부모가 사망해 자녀가 자산을 상속받을 때, 자녀의 평균 연령이 67세라는 조사결과도 있다. 그러면 그 자녀도 돈을 쓰지 않는다. 결국 고령자들 사이에서만 돈이 돌고 젊은 사람에게는 내려가지 않는 구조다. 이 문제를 해결하려면 상속세를 높여야 한다. 그 세금으로 청년 복지를 지원하는 것이다. 혹은 상속세를 높이면서 살아생전에 '증여'하는 장치를 늘릴 수도 있다. 핀란드는 손자상속제도가 있다. 이런 제도가 빈부격차를 더 부추긴다는 의견도 있지만, 핵심은 경제적 여유가 있는 고령자의 자산이 청년에게 돌아가는 구조를 만드는 것이다."

## 왜 실버시장은 활발해지지 않을까?

—

그러면 일본의 노인 세대는 부양받지 않으면 심각한 생활고에 시달릴 수밖에 없는 상황일까? 지금 일본 사회의 가장 큰 이슈 중 하나가 '하류' 생활을 할 수밖에 없는 노인들에 대한 문제다. 그렇다고 해도 평균적으로 일본 노인들은 대단한 부자들이다. 지금의 은퇴자들은 1955년부터 1970년에 이르는 일본의 고도성장기를 이끌며 부를 축적한 세대이기 때문이다. 무려 1600조 엔에 달하는 일본의 가계금융자산 중 60퍼센트 이상을 65세가 넘은 노인들이 갖고 있다. 때문에 일본 정부는 이 노년층에 기대어 경기를 부양하고자 실버시장을 활성화시켰다. 하지만 기대만큼 효과가 크게 일어나지 않고 있다. 그 이유는 무엇일까.

어쩌면 그 답은 개인금고가 산처럼 쌓인 한 장의 사진에서 찾을 수 있을 것이다. 2011년 쓰나미 피해 지역에서 수거된 이 금고들 중 5700여 개가 주인을 찾았다. 이때 반환된 금액이 무려 331억 원에 달했다. 그만큼 엄청난 자금이 묶여 있었다는 뜻이다.

고령화 시대에 소비자를 지배하는 건 불확실성이다. 평균수명이 60세이던 때에는 목돈이 없어도 은퇴 후 여생을 사는 데 무리가 없었다. 하지만 평균수명이 늘어나면서 은퇴한 뒤로도 30년가량을 더 살아내야하는 시대가 왔다. 미래가 불안한 노인들은 소비나 투자에 지갑을 여는 대신 개인금고를 마련했고, 이것이 일본의 내수시장 침체로 이어졌다.

그렇다고 청년세대가 그 소비규모를 대체할 수도 없다. 수적으로도 적을뿐더러 경제위기 때마다 취약계층으로 몰렸기 때문이다. 그리고 청년의 고용환경이 악화될수록 일본의 불황 또한 심화되었다.

청년들의 고용환경과 국가경제는 어떤 관계에 있을까? 어느 번성했

2011년 후쿠시마 쓰나미 피해 지역에서 수거된 개인금고들. 미래가 불안한 노인들은 소비하지도 투자하지도 않았다. 그 대신 돈을 은행도 아닌 개인금고에 쌓아두었다. 실버시장이 경제회복을 일으키지 못한 이유다.

던 공업도시의 몰락 과정이 그 상호관계를 잘 보여준다. 일본 지바 현의 모바라 시. 최근 몇 년 사이 1500명이 넘는 사람들이 이 도시를 떠났다. 한때 전자산업의 메카였던 모바라 시에는 파나소닉, 도시바 등 일본 굴지의 대기업 공장들이 있었다. 이곳 주민 대부분이 전자회사의 노동자였다. 하지만 일본 전자산업이 경쟁력을 잃으면서 도시의 모습은 완전히 바뀌었다.

기업들은 불황을 타개하기 위해 가장 먼저 인건비를 줄였다. 신규 채용이 줄어들었고, 고용의 질도 점점 나빠졌다. 많은 정규직이 파견직으로 전환됐다. 그 가운데 젊은이들이 가장 큰 타격을 받았고, 많은 청년들이 도시를 떠났다.

취업률은 40~50퍼센트대로 떨어졌고, 1000명이 넘는 노동자가 비정규직이다 보니 지역경제 활성화에는 별다른 영향을 미치지 못했다. 주민 소득이 감소하면서 주변 상가의 절반 이상이 문을 닫고 도시를 떠났다. 월급날이면 쇼핑하거나 외식 나온 사람들로 북적이던 상점가는 이제 을씨년스럽기만 하다. 청년이 사라진 도시는 휘청거리고 있다.

기성세대들이 만들어놓은 경제구조에서 청년들이 소외되는 배경에는 파견법이 큰 몫을 차지한다. 1985년 파견법 제정 당시에는 일부 업종에만 파견이 허용되었으나 지금은 항만·건설·의료 같은 일부 산업을 제외하고는 모두 허용됐다. 많은 기업들이 정사원을 비정규직으로 빠르게 바꿔나갔다. 그리고 그 피해는 상당 부분 청년의 몫이었다. 2007년 기준으로 일본 파견노동자 350여만 명 중 약 68퍼센트가 34세 미만 청년들이다.

정규직 60퍼센트 정도의 임금을 받는 비정규직 청년이 늘다 보니 일하는데도 가난한 '워킹푸어'가 형성되었다. 가계소비도 덩달아 줄어들고, 불황은 더욱 심화되었다. 청년들의 고용환경 악화가 다시 불황을 심화시키는 악순환이 반복되고 있다.

## 왜 인구정책의 타이밍을 놓치게 되는가?

—

과거 일본은 세계 경제 1위를 넘볼 정도로 엄청난 경제성장을 이루었다. 당시 일본의 경제·사회를 앞으로 밀고 나간 성장 동력은 다름 아닌 청년세대였다. 하지만 선배 청년들과 달리 지금의 청년세대는 활기를 잃고, 피곤하고 무기력하다.

현재 일본의 많은 청년들이 꿈을 꾸지 않는다. 한 치 앞도 내다볼 수 없는 불안정한 삶은 5년, 10년 후의 미래를 계획하는 것조차 무의미하게 만들었다. 청년들이 기성세대가 이룬 성장을 이어갈 수 없게 되자 많은 문제가 발생하기 시작했다. 취업이 안 되니 결혼도 못 하고, 결혼을 못 하니 아이도 낳지 않는다. 청년세대의 빈곤이 출산율 감소로 이어졌다.

인구정책은 타이밍이 중요하다. 인구변화는 늘든 줄든 추세가 전환되는 데 상당기간이 필요하기 때문이다. 그뿐 아니라 비용도 엄청나서 단기간에 해결할 수 없는 백년대계다. 당장 눈앞의 현재가 아닌 앞으로의 가능성에 투자하는 것이기에 정책 효과가 짧은 시간에 가시화되지 않는다. 그러다 보니 타이밍을 놓쳐버리는 국가들이 많다. 일본이 그 대표적인 사례일 뿐, 이는 한 국가만의 문제가 아니다.

그렇다면 일본은 줄어드는 청년인구를 넋 놓고 바라보고만 있었던 걸까? 그렇지 않다. 2009년 총선 당시 민주당은 핵심 공약으로 소득 제한 없는 어린이수당 등 미래세대 복지를 내세웠다. 가정을 꾸리기도 힘들 만큼 어려웠던 청년들은 민주당의 정책을 반겼고, 이를 기반으로 민주당은 정권 교체에 성공했다. 하지만 개혁의지를 확고하게 내세웠던 하토야마 내각은 정권 교체 후 재정부족을 이유로 공약을 대폭 수정해버렸다.

미래세대로 복지의 축을 이동하자는 이야기는 1990년대부터 이미 있어왔다. 하지만 정치인들은 수적으로 적은 유권자인 청년층의 손을 들어주지 않았다. 정치권은 투표율이 높은 고령자 우선 정책을 폈고 그 정책이 경제불황을 해결하지 못했다. 계속되는 불황은 저출산을 불러오고, 저출산이 불황을 심화시키는 악순환이 이어졌다. 그렇게 일본은 인구정책의 골든타임을 놓친 채 장기불황의 늪에 빠졌다.

최근에 일본 정부도 사태의 심각성을 깨닫고, 열도 인구가 적어도 1억은 유지돼야 한다는 마지노선을 내놓았다. 하지만 청년이 사라지는 인구구조가 사회 유지와 성장을 가로막는다는 걸 너무 늦게 깨달았다. 그리고 그 대가는 상상을 초월한 형태로 사회 전반에 반영되고 있다.

## 인구 감소 문제, 더 자세히 보아야 보인다

청년이 사라질 때 한 나라의 경제·사회·문화가 얼마만큼 흔들리는지에 대해 지금까지 살펴보았다. 갑작스럽게 인구절벽을 맞은 일본은 성장 동력이 멈춰선 채, 20년 넘게 불황이 계속되고 있다. 신도시에서는 공동화 현상이 일어났고, 많은 초등학교가 실버타운으로 변했다. 경기 침체와 부양 부담은 소수가 된 청년들을 짓누른다. 임금이 줄고 비정규직이 늘어나는 등 노동시장에서 청년들은 점점 취약 계층으로 내몰린다. 그와 함께 일본은 더 깊은 인구절벽으로 떨어지고 있다.

일본이 초고령사회라는 사실을 많은 이들이 알고 있다. 그러나 그 사회가 어떤 모습인지, 어떤 이유로 그 문제를 해결하지 못하고 있는지에 대해서는 잘 모른다. 그런데 일본에서 일어나는 일이 시차를 두고 우리나라에서도 일어날 예정이다. 2016년 대한민국은 생산가능인구가 정점에 도달하고 2018년 인구절벽을 맞게 된다.

2015년 기준 대한민국 전체 인구 중 생산가능인구는 73.0퍼센트다. 그러나 2060년이면 49.7퍼센트까지 떨어진다. 생산가능인구 비중이 세계 10위에서 199위로 급락하는 것이다.

문제는 일본보다 더 심각한 현상이 벌어질 수도 있다는 것이다. 2015년 대한민국의 합계출산율은 1.25명으로, 같은 시기 1.40명을 기록한 일본보다 낮다. 고령화 속도 또한 빨라서 2060년 무렵에는 한국의 고령화가 일본을 추월할 것이라는 보고도 있다.

그런데 정작 결혼과 출산의 당사자인 청년들의 삶은 점점 더 각박해지고 있다. 현재 우리나라는 노동자의 3분의 1이 정규직 월급의 절반을 받는 비정규직이다. 청년들의 고용환경은 더욱 취약하다. 일하는 청년 3명 중 1명이 비정규직이고, 청년 10명 중 1명은 실업 상태다. 현대경제연구원의 조사에 따르면, 한국의 니트족은 지난 10년간 네 배나 증가하여 86만 명에 이르는 것으로 추산됐다.

2010년 한국은행 금융경제연구원에 따르면, 실업률이 1포인트 오르면 결혼은 최대 1040건 줄어든다고 한다. 또한 임시직 비율이 1포인트 오르면 결혼은 330건 줄어든다고 한다. 청년 고용과 인구문제의 깊은 연관성을 보여주는 흥미로운 결과다. 인구 감소 문제의 열쇠를 쥔 청년들의 삶을 면밀히 들여다보아야 할 때다. 청년문제를 디테일하게 들여다보지 않으면 어떤 해결책도 나올 수 없다. 그러나 지금까지의 청년정책은 윗세대의 막연한 짐작과 그들 세대의 경험에 근거하는 경향을 보여왔다.

무엇보다 지금 당장 현재 아이를 기르는 젊은 부모들이 편하게 양육할 수 있는 환경을 마련해야 한다. 이들의 고생을 외면한다면, 아무리 출산 장려 구호를 외쳐댄다 해도 빈 메아리만 돌아올 뿐이다. 인구정책은 타이밍이라는 말처럼, 아직 기회가 있을 때 미래세대를 위한 적극적 조치가 필요하다.

그나마 다행인 것은, 우리에게는 '일본이라는 교과서'가 있다는 점이다. 이제라도 우리는 일본의 실패를 반면교사 삼아 인구정책의 새로운 길을 찾아야 한다. 일본은 인구 1억 명 사수를 외쳤지만, 인구문제는 규모의 문제가 아니라 청년이 사라지는 구조의 문제라는 것을 너무 뒤늦게 깨달았다. 우리는 깨닫고 있는 걸까?

장수사회는 인류가 이룩한 위대한 업적이다. 의료기술의 발달과 복지제도의 확산은 사회구성원 모두 건강하고 행복하게 오래 살 수 있는 길을 마련해놨다. 우리가 이룩한 이 놀라운 결과가 다른 한편에서 우리 사회의 발목을 잡지 않도록, 새로운 선택이 필요하다.

明見萬里

# 3장

# 청년 투자,
# 전 세계가 기댈 유일한 자원

—

어떻게 서로에게 이익이 될 수 있는가

明
見
萬
里

전 세계적 불황 속에서 독일은 어떻게 흔들림 없이

부국의 자리를 유지할 수 있었는가.

1970년대부터 시작된 청년 투자에 그 답이 있다.

모든 세대가 한 세대에 투자한 것이

오히려 모두를 살렸다. 그 해법을 배운다.

# 청년 투자,
# 전 세계가 기댈 유일한 자원

> 어떻게 서로에게 이익이 될 수 있는가

## 가난한 나라의 가장 성공한 투자

—

남아프리카공화국에서 1990년에야 독립한 나미비아는 아프리카에서 가장 가난한 나라 중 하나다. 그런데 2008년 한 시민단체 주도로, 이 나라에서 가장 가난한 마을을 골라 어린이를 포함한 900여 명의 주민 모두에게 기본소득을 주는 실험을 했다. 이 소식을 들은 백인 부유층들은 반발하며 시민단체에 항의했다. 가난한 사람에게 돈을 주면 나태해져서 일도 안 하고 술과 마약으로 탕진할 것이라고 말이다.

결과는 어땠을까? 예측과 정반대였다. 최소한의 생계가 보장되자 마을 주민들은 너도나도 새로운 도전에 나섰다. 술과 마약은커녕 창업열

풍이 시작돼 실업률도 크게 줄었다. 무엇보다 놀라운 변화는 아이와 청년들이 미래를 꿈꾸기 시작했다는 것. 성공할 수 있다는 희망을 갖게 되자 어린아이들은 학교로 돌아왔고, 청년들은 기술을 배우기 시작했다. 마을 주민들의 소득은 단 2년 만에 118달러에서 152달러로, 무려 30퍼센트나 늘었다. 어린이와 청년 세대에게 아주 작은 힘만 실어주어도 그 투자가 얼마나 높은 수익을 내는지 증명한 것이다.

이처럼 복지는 비용이 아니라 투자다. 특히 청년세대에 투여되는 복지는 수익이 아주 확실하고 강력한 투자다. 나미비아의 사례는 이를 실증적으로 보여준다.

21세기 이후 인류가 가져야 할 가장 강력한 자원, 결코 그 무엇으로도 대체할 수 없는 유일한 자원은 '청년'이다. 지금까지는 땅이 넓은 나라, 자원이 많은 나라가 부유했다. 하지만 이제 거의 모든 선진국에서 출산율이 급격히 하락하고 있다. 이제 곧 세계적으로 청년이 부족한 시대가 온다. 즉 뛰어난 청년을 가장 많이 확보한 나라가 가장 부강한 나라가 되는 시대가 열리는 것이다.

이것이 과연 나미비아만의 예외적이고 특수한 사례일까? 청년에 투자한 나라와 청년을 떠나보내는 나라의 미래는 어떻게 다를까? 그 풍경을 대조적으로 보여주는 곳들이 있다.

전 세계적으로 초고령사회에 진입한 대표적인 나라는 현재 일본, 이탈리아, 독일 등 세 나라다. 초고령사회란 65세 이상 인구가 총인구의 20퍼센트가 넘는 사회를 말한다. 이들 나라는 초고령사회에 각자 어떻게 대응하고 있을까? 그리고 그 결과는 어떻게 다를까? 일본과 이탈리아 그리고 독일의 사례를 각각 들여다보면서 청년문제의 해법을 찾아보자.

## 일본: 텅텅 빈 도로 vs 9명이 사는 비좁은 아파트

—

먼저 일본의 상황은 어떨까? 일본 정부의 불황 타개책의 기조를 상징적으로 보여주는 장면이 있다.

시마네 현의 하마다 해양대교. 이 거대한 다리는 주민이 수십 명밖에 안 사는 세토가 섬과 연결되어 있다. 그런데 이미 섬에는 뭍으로 이어진 다리가 있었다. 그런데도 굳이 1000억 원에 가까운 비용을 들여서 새로 다리를 놓은 것이다. 워낙 차량 통행이 없다 보니 주민들은 '번지점프하기 좋은 다리'라며 쓴 농담을 나눈다.

이 다리뿐만이 아니다. 일본 경기가 어려워지자 정부는 건설경기 부양으로 경제를 살리겠다며 나라 곳곳에 고속도로를 놓고, 댐을 쌓고, 지방 공항을 지었다. 하도 인적이 없는 곳에 도로를 놓아 두꺼비들만 몰린다고 해서 '두꺼비 도로'로 불리는 곳도 있을 정도다.

처음 불황이 찾아온 1990년 당시만 해도, 일본 정부의 부채비율은 GDP 대비 66퍼센트로, 다른 선진국에 비해 나쁜 편이 아니었다. 그런데 성장이 멈춘 경제를 살리겠다며 온갖 사회간접자본 투자에 1조 엔에 달하는 돈을 쏟아부었다. 그 결과 정부 부채비율이 GDP 대비 227퍼센트로, 세계 최악의 수준으로 떨어졌다. 그런데도 경기가 살아나기는 커녕 더욱 깊은 수렁으로 빠져들었다.

건설경기에 쏟아부은 그 1조 엔을 청년과 교육에 투자했다면 어땠을까? 일본의 지방정부 연구원이 시뮬레이션 해본 결과, 건설경기 부양보다 무려 30퍼센트나 높은 투자효과를 봤을 것이라고 한다. 돈을 다 쓰고 난 다음에 나온 뒤늦은 후회였다.

정부가 이렇게 건설경기 위주의 부양책으로 오히려 부채만 키우는 악순환을 되풀이할 동안, 청년은 정부정책에서 철저히 배제되었다. 청년이 사라지고 그 청년들이 가난해지면서 사회 전체가 활력을 잃어가고 있다.

실제로 일본 청년세대의 삶은 절망적이다. 도쿄 도심의 청년들이 모여 사는 집. 요즘 일본 젊은이들 사이에서는 셰어하우스가 유행이다. 비좁은 아파트에 아홉 명이 지낸다. 월세는 35만 원 정도로 저렴하지만, 겨우 잠만 잘 수 있는 수준이다. 개인공간은 침대 한 칸뿐이고, 살림살이도 단출하다.

이곳에 사는 서른세 살 나다 씨는 고정적인 직업을 가져본 적이 없다. 돈이 필요할 때만 잠깐씩 아르바이트를 한다. 식사는 편의점 즉석식품으로 해결하고, 최소한의 생필품만 사며, 친구도 거의 만나지 않는다. 그러다 보니 한 달 정도 일하면 3~4개월은 버틸 수 있다. 궁핍한 생활이지만 그는 자신의 처지에 불만이 없다. 나다 씨는 자기 집을 마련하거나 자동차를 갖는 것에 관심이 없다. 그 모든 것이 빚이며, 빚을 지는 순간 얽매이는 삶을 살게 된다고 생각하기 때문이다. 직장을 갖고 결혼해서 아이를 낳는 삶에도 흥미가 없다. 되도록 가볍게 살고 싶을 뿐이다.

이것은 나다 씨 혼자만의 이야기가 아니다. 일본의 젊은이들은 더 이상 욕망하지 않는다. 작은 것에 만족하며 사는 이들을 '득도하다', '깨달음을 얻다'는 뜻의 '사토리' 세대라고 부른다. 사토리 세대는 1980년대 중반 이후에 태어나 불황 속에 자라온 20~30대 청년들이다. 이들은 소비에도 관심이 없고, 필요 이상의 돈을 벌겠다는 의욕도 없다. 연애나 결혼도 하지 않으며, 실제 친구보다 온라인 친구를 더 친밀하게 여긴다. 지금 일본에서는 열정이 사라진 사토리 세대에 대한 우려의 목소리가 크다.

사토리 세대는 돈 쓰는 걸 싫어한다고 해서 '소비혐오 세대'라고도 불린다. 자동차·명품은 당연하고, 젊은이들이 열광하는 게임기, 스포츠 용품 등도 사는 사람이 줄었다. 그만큼 그 분야 산업은 죽어갔다. 이렇게 청년이 돈을 벌지도 쓰지도 않으면서 일본 내수시장은 큰 타격을 입고 있다.

그들은 왜 소비를 혐오하는 세대가 되었을까? 일본 청년들은 오랜 기간 경제활동에서 구조적으로 배제되면서 점점 더 가난해졌다. 현재 20~30대 소득 대비 순저축액이 마이너스 25퍼센트일 정도다. 소비에 관심이 없는 게 아니라, 살 돈이 없는 것이다. 가난해져버린 청년들의 분수에 맞는 합리적 생존방식. 바로 사토리 세대가 선택한 삶이다. 이것이 일본 경제 전체에는 회복하기 힘든 타격이다.

## 이탈리아: 청년을 떠나보내는 나라

—

이탈리아 상황은 어떨까? 2008년 초고령사회에 진입한 이탈리아는 높은 노령연금과 복지로 한때 '노인들의 천국'으로 불렸다. 하지만 모두 옛말이다. 지금 이탈리아가 변하고 있다.

이탈리아의 경제수도 밀라노에는 이른 아침부터 무료 급식소에서 음식을 배급받으려는 사람들이 길게 줄을 늘어선다. 이 급식소는 원래 극빈층을 위한 곳이었지만 요즘 들어 찾는 사람들이 많아지면서 배급량을 늘렸다. 가장 낯선 변화는 젊은이들이 무료 급식소를 찾는 경우가 많아졌다는 점이다.

최근 이탈리아에 전에 없던 새로운 빈곤층이 생기고 있다. 최저연금인 월 400~500유로를 받아 생활하는 노인들과, 일자리를 찾지 못한 젊은이들이다. GDP 세계 9위의 나라 이탈리아에 무슨 일이 일어난 걸까?

약학대학에 다니는 서른다섯 살 에리카 씨는 졸업을 미룬 채 일자리를 찾는 중이다. 하지만 그녀에게 일할 기회는 쉽게 허락되지 않는다. 하루도 빠지지 않고 일자리 공고를 보러 다니지만, 경력자만 뽑는 현실에서 취업의 기회조차 잡을 수 없다.

20대에 독립했던 에리카 씨는 생활비가 없어 다시 부모 집으로 돌아왔다. 현재 이탈리아 청년의 70퍼센트가 일명 '캥거루족'이다. 일자리가 없거나 있어도 비정규직인 젊은이들이 부모에게서 독립하지 못하고 경제적 도움을 받고 있다. 그러다 보니 결혼이 늦어지거나 아예 안

하는 경우도 늘었다.

현재 에리카 씨 집의 유일한 수입은 은퇴한 아버지의 연금이다. 우리 돈 120만 원 정도로 세 식구가 생활한다. 결국 그녀는 이탈리아를 떠나기로 했다. 해외취업에 마지막 기대를 건 것이다. 부모는 성실하고 똑똑했던 딸의 현실이 안타깝기만 하다. 하지만 일자리를 찾아 외국에 나가려는 딸을 말릴 수도 없다. 사랑하는 자녀가 이렇게 떠나가면 평생 못 볼 수도 있다는 생각이 들지만, 미래가 없는 나라에 남기보다는 외국에 나가서라도 자기 살길을 찾아야 하기 때문이다. 이렇게 매년 4만 명 넘는 청년들이 이탈리아를 떠난다.

젊은 인력 유출은 심각한 사회문제로 떠올랐다. 현재 이탈리아의 재정은 날로 악화되고 있다. 심각한 고령화로 매년 빠르게 늘어가는 연금 지출액만 GDP의 15퍼센트에 달한다. 반면 젊은이들을 위한 지원은 갈수록 줄어들고 있다. 그 결과 이탈리아 청년 10명 중 4명이 실업 상태다. 이는 전체 평균 실업률의 세 배가 넘는 수치다. 이탈리아의 복지천국을 지탱했던 젊은이들이 가난으로 내몰리고 있다.

그리고 이 청년층의 고통은 다시 노년층의 고통으로 이어진다. 생산가능인구의 대부분을 차지하는 청년세대가 경제활동을 활발히 해야 나라가 지탱된다. 하지만 청년층의 빈곤과 해외 유출로 세수입이 줄어들어 노령연금이 축소되는 등 노인복지도 타격을 받았다. 평균 200여만 원이던 노령연금은 현재 절반으로 줄어든 상태다. 청년들의 절망을 외면했던 이탈리아의 위기는 출구가 보이지 않는다.

# 독일: 최고의 경기 부양책은 청년복지

—

일본과 이탈리아는 청년들의 고통을 개인의 문제로 방치했다. 그러자 청년들이 희망을 잃고 경제활동을 포기하거나 일자리를 찾아 고국을 떠났다. 그 결과 일본의 장기불황과 이탈리아의 노령연금 축소처럼, 고통이 고스란히 기성세대에게로 전이됐다.

그렇다면 또 다른 고령화사회인 독일은 어떨까? 독일 역시 2008년에 초고령사회에 진입했다. 그럼에도 현재 유럽연합에서 가장 탄탄한 경제를 만들고 있다. 이들은 일본, 이탈리아와 어떻게 다른 것일까? 그들은 고령화 시대를 어떻게 준비했을까? 결론부터 말하자면 독일은 청년들을 방치하지 않았고, 청년을 귀하게 쓸 줄 알았다.

독일은 이미 1970년대부터 청년에 투자했다. 공교육은 대학교까지 무상이고, 대학생들은 주거비와 생활자금도 지원받는다. 졸업 후 취직에 실패하면 우리나라와 달리 처음부터 실업수당을 받을 수 있다. 재정위기 때 이탈리아를 포함한 남유럽 국가들은 청년복지 비용을 가장 먼저 줄였다. 그러나 독일은 달랐다. 청년세대를 귀하게 쓰는 게 최고의 경기 부양책임을 알았기 때문이다.

경기불황으로부터 청년들을 지켜냄으로써 청년과 기성세대 그리고 기업 모두 승자가 된 독일의 도시가 있다. 폭스바겐 공장이 위치한 볼프스부르크 시. 자동차 산업의 중심인 이곳에서 위기를 기회로 바꾼 상징적인 노사합의가 있었다.

2000년대 초반 노동자와 폭스바겐 사는 자동차 산업에 위기가 오자 인건비 절감을 위해 해외로 공장을 이전하려 했다. 그러나 위기의 순간 노사는 혁신적인 대타협을 이루어냈다. 해외 이전이 아니라 지역 청년들을 위해 새로운 일자리를 만들기로 한 것이다.

회사는 지역 실업자와 청년 취업 예정자 5000명을 신규로 채용하고, 최소 5000마르크의 소득을 보장하기로 했다. 또한 청년들에게 최소 3개월의 직업훈련도 제공했다. 볼프스부르크 시에는 새 공장이 세워졌고, 1만여 개의 일자리가 생겨났다.

경기불황이 눈앞에 닥치면 기업은 노동자를 해고하고, 임금을 낮추며, 청년들을 고용하지 않음으로써 위기를 타개하려 한다. 이것이 당장은 효과적인 방법처럼 보이기 때문이다. 그렇게 청년들은 불황의 최대 피해자로 경제활동에서 탈락하게 된다.

하지만 독일 기성세대는 청년이 가난으로 내몰리는 현실에 손 놓지 않았다. 노사 대타협을 통해 정리해고를 막았을 뿐 아니라, 청년을 위한 새 일자리까지 창출해냈다. 그러자 기업 경쟁력이 높아졌다. 우수한 인력을 지속적으로 확보하고, 청년세대가 새로운 소비주체가 되면서 내수시장을 지킬 수 있었기 때문이다.

이렇듯 독일의 세대 간 공존의 지혜가 놀라운 기적을 낳았다. 고령화 시대에 불가피한 것처럼 보였던 세대 간의 불평등과 갈등을 함께 힘을 모아 줄여간 결과 모두가 승자가 된 것이다. 그리고 볼프스부르크는 지금도 세계 최대 규모의 자동차 생산 도시로서 명성을 이어가고 있다.

# 세대갈등 해결, 경제공동체로 묶어라

—

독일 역시 고령화로 인한 여러 사회문제를 겪었다. 산업현장에서 은퇴한 기성세대들은 청년세대 때문에 자신들이 일찍 쫓겨났다며 젊은이들을 비난했다. 청년세대 또한 대학교육을 유료화하려는 정책에 크게 반발했다. 복지비용을 좀 더 청년들에게 사용하라고 말이다. 한정된 재원을 두고 어쩔 수 없이 세대 간 갈등이 벌어진 것이다.

세대갈등이라고 하면 예전에는 주로 인식과 문화의 차이였다. 그런데 고령화사회에서는 이 갈등이 경제적인 문제로 번진다. 일자리, 부양의무, 복지혜택에서 청년세대가 희생을 강요당하면 할수록 세대 간 경제 격차는 벌어질 수밖에 없다. 그 차이를 방치하면 갈등의 골은 점점 깊어져 나중에는 문제를 해결하려는 시도조차 불가능해진다.

독일은 인구구조의 변화로 생기는 세대갈등 해결을 최우선 과제로 삼았다. 물론 독일에도 여전히 갈등이 존재한다. 하지만 그들은 실마리를 찾아냈다. 세대갈등을 세대공존으로 바꾸고 있는 독일의 한 도시에 가보자.

독일 중부의 대학도시 괴팅겐. 은퇴 후 혼자 사는 쿠레 씨네 집에 대학생 마리아 씨가 찾아왔다. 남는 방을 학생들에게 임대하는 쿠레 씨네 집을 학교에서 소개받은 것이다. 괴팅겐 시는 혼자 사는 노인들의 빈방을 학생들에게 연결해주는 프로젝트를 진행 중이다.

그런데 이들의 계약방식이 독특하다. 단순히 돈을 주고받는 계약이 아니라 학생이 집안일을 돕는 종류와 시간에 따라 월세가 차감된다. 집안일의 종류도 가벼운 청소를 비롯해서 정원 가꾸기, 유리창 청소, 동물 돌보기, 문서·서신 작성, 외출 동행 등 다양하다. 마리아 씨는 집 안 청소와 정원 가꾸기, 동물 돌보기, 이 세 가지 일을 선택하고 월세의 절반을 아꼈다. 이렇듯 '세대공존 하우스'는 경제적으로도 서로에게 이득이다. 이 주거공유 방식은 현재 독일의 많은 지역에서 시행되고 있다.

또한 괴팅겐 시에서는 세대 간 만남으로 갈등을 줄여나가는 프로젝트도 진행 중이다. 세대 간, 세대 내 소통이 점차 줄어들고 있는 것은 독일 역시 마찬가지다. 반면에 사회적 관계에 대한 욕구는 갈수록 커지고 있다. 이 격차를 해결하기 위해서는 꾸준히 대화할 수 있는 사회적 장이 필요하다. 이런 점에 착안해서 일주일에 한 번 노인과 청년이 만나 역사와 경험을 공유하는 시간을 갖도록 한 것이다.

이 프로젝트의 핵심은 '문제'가 아닌 '기회'에 주목한 것이다. 요즘 미디어에 만연한 세대 '전쟁'을 다루는 대신 세대 간의 긍정적 감정에 집중하고, 이 감정을 발산하는 대화를 독려한다. 핵가족화로 점차 줄어드는 공동체에 대한 긍정적 감정을 확산함으로써 세대 간 담을 낮추고 마음을 열게 하는 것이다. 이를 통해 인구변화에도 적절히 대응하고자 한다.

고령화 위기를 해결하는 데 가장 큰 장애물로 여겨졌던 세대갈등. 하지만 독일에서는 모든 세대가 하나의 공동체 안에서 경제적으로 서로 연결되는 방식을 통해 공존의 미래를 찾고자 노력한다. 그리고 이러한 노력들은 독일을 경제대국으로 이끌고 있다.

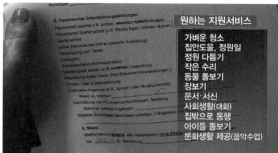

독일 괴팅겐 시의 세대공존 하우스. 대학생 마리아 씨는 혼자 사는 쿠레 씨네 집에서 가벼운 집안일을 돕고 월세를 차감받는다.

## 경제적 자원을 어느 세대에 먼저 줄 것인가

—

　그렇다면 2030년 초고령사회 진입을 눈앞에 둔 대한민국은 어떨까? 우리 청년들 또한 '삼포세대', 'N포세대'라 불리며 절망의 세대가 되어가고 있다.

　우리나라 청년실업률은 지난 2015년 11.1퍼센트에 달했다. 이는 1997년 IMF 외환위기 이후 최고치로, 청년실업률이 전체 실업률의 두 배가 넘는다. 초고령사회는 오지도 않았는데 취업시장에서는 이미 청년이 배제되는 구조적인 문제가 나타나고 있다. 고용 안정성 또한 심각해서 일하는 청년 3명 중 1명이 비정규직이다.

　상황이 이렇다 보니 학자금 대출을 못 갚는 등 빚더미에 시달리는 청년이 급속도로 늘고 있다. 2014년 한 해 동안 20~30대의 소득증가율은

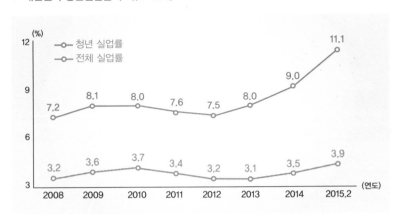

◆ 대한민국 청년실업률 추이(15~29세)

그래프

(%)

○ 청년 실업률
○ 전체 실업률

12
11.1

9.0
9
8.1     8.0         8.0
7.2          7.6   7.5

6

3.9
3.6   3.7   3.4         3.5
3.2          3.2   3.1
3.2
3
2008  2009  2010  2011  2012  2013  2014  2015.2   (연도)

0.7퍼센트였다. 오히려 50대의 소득증가율이 청년보다 열 배(7.2퍼센트)나 많고, 심지어 은퇴세대라고 할 수 있는 60대도 여섯 배(4.5퍼센트)나 높다. 그렇다고 노년층의 소득수준이 높은 것도 아니다. 청년들이 얼마나 심각한 절망으로 내몰리는지 짐작할 수 있는 지점이다.

게다가 급속한 고령화로 부양 부담은 점점 늘어만 간다. OECD에 따르면 2016년 한국은 청장년층 5명이 노인 1명을 부양해야 하고, 2036년이면 2명당 1명꼴이 된다. 현재의 20~30대는 평생 개인이 공공부문에서 받을 혜택보다 1억 원 이상 더 부담해야 한다는 분석도 있다.

이렇게 청년들의 고통을 방치한 결과, 20~30대 가구의 소득증가율은 지속적인 하락 끝에 2015년 −0.6퍼센트로, 사상 최초로 감소세로 돌아섰다. 반면 같은 기간 40대 가구의 월평균 소득은 2.8퍼센트 늘었고, 60대 이상은 6.8퍼센트로 가장 크게 증가했다. 이 경제적 차이가 고착화되면 세대갈등으로 이어질 수밖에 없다. 이러한 상황에서 초고령사회에 진입하면 어떻게 될까?

독일의 경우, 무상이던 대학 등록금을 70만 원 정도로 유료화하는 데에도 학생들이 거세게 반발했다. 기성세대 역시 청년들의 목소리를 무시하지 않았고, 결국 대학교육 유료화는 무산됐다.

그러나 우리나라는 대학 등록금 부담은 물론이거니와 실업급여조차 일단 취직을 하고 고용보험에 들어야만 받을 수 있다. 취업에 실패하면 아무런 지원도 받지 못하는 상황이다. 그렇다 보니 청년들은 당장 생계를 유지하는 데 급급해질 수밖에 없다. 자신의 생산성을 높여서 더 나은 직장에 취직할 기회 자체를 잡기가 매우 어려워지는 것이다.

이렇게 청년이 일상조차 포기하게 만드는 경제구조를 방치하면, 단지 청년들만이 아니라 우리 경제의 미래는 물론 기성세대의 노후까지 위협받게 된다. 자신의 미래를 위해서라도 기성세대가 청년문제, 곧 청년고통을 반드시 함께 고민해야 한다. 청년이 사라지는 시대에 위기감을 느끼고, 미래세대를 키우기 위해 구조적인 문제를 함께 풀어가야만 한다.

흔히 청년복지를 주장하면 재원 부족을 핑계로 삼지만, 어느 나라나 재원이 부족하기는 매한가지다. 저성장 시대일수록 한정된 재원에서 무엇에 투자할 것인지를 제대로 판단하고 결단해야 한다. 1970년 청년지원 정책을 시작한 독일도 당시 1인당 국민소득이 3000달러가 안 됐다. 2015년 대한민국 국민소득의 10분의 1에 불과하던 시기였다. 그럼에도 청년복지를 시행했다.

우리 사회의 지속 가능한 성장을 위해서 미래세대에 투자할 것인가, 아니면 당장 오늘만을 살 것인가. 중요한 결단이 필요한 시점이다.

## 대한민국에 필요한 청년 투자는 무엇인가

—

어느 나라든 그 사회의 성장 동력은 청년에게서 나온다. 이것을 깨달은 세계 각국에서는 지금 청년 투자가 치열하게 진행 중이다. 그렇다면 현재 대한민국 청년에게 필요한 투자는 무엇일까? 여러 전문가, 행정가, 정치인들이 청년 투자의 방향을 제시하고 있다. 그중 어떤 것이 해답일까? 이에 대해 우리에게 의미심장한 메시지를 던지는 이들이 있다.

서울 용산구 원효로의 버려진 인쇄소 거리에 청년들이 모여들었다. 이들은 '청년 장사꾼'이란 이름으로 좁은 골목에 6개의 음식점을 열었다. 그런데 여느 가게들이 사장이 한 명이고 종업원은 대부분 아르바이트생을 쓰는 것과는 다르다. 각 매장에서 일하는 30명의 직원이 모두 정직원이다.

창업 당시부터 이들은 여타 외식업체처럼 당장의 인건비를 줄여 단기적인 이익을 남기는 방식을 선택하지 않았다. 대신 사람을 키워 기업 규모를 늘리고 기업가치를 높이겠다는 발상의 전환을 했다. 즉 직원들이 장사를 제대로 배워서 '청년 장사꾼'이란 이름으로 또 다른 매장을 내고, 관리자로 성장하는 방식으로 사업을 키워간다는 계획이다.

이 회사에는 직원복지 혜택도 있다. 자기계발비를 지원하고, 1년에 일주일의 유급휴가도 준다. 또 우수 사원에게는 해외연수 기회도 제공한다. 그리고 지방에서 올라온 직원들의 주거비 부담을 덜어주기 위해 별도의 숙소도 마련했다.

일과가 끝난 뒤 직원숙소에서는 밤늦게까지 그날 영업에 대한 이야기가 오간다. 교육생부터 관리자까지 모두 의욕이 넘친다. 이곳 청년들 대부분은 나중에 자신의 가게를 차려 독립할 꿈을 갖고 있다. 정직원으로서의 고용보장과 회사가 제공하는 교육 기회가 있기에 가능한 장기 목표다. 그리고 이들의 자발적인 열의가 회사를 키운다. 회사와 직원 모두의 동반 성장인 셈이다. 청년에게 필요한 것이 무엇인지 그들 스스로 알아나가고 있다.

청년 장사꾼의 모토는 '건강과 가족, 여자 친구를 포기하지 말자'다. 그야말로 '삼포'하지 않는 삶이다. 아프면 집에 가서 쉬고, 가족과 연인을 잘 챙기며, 모두가 노력하는 만큼 잘 먹고 잘 살아가는 것. 이것이 청년 장사꾼들의 지향점이다.

이들이 말하는 '직장의 조건'은 간단하다. 노력한 만큼 정당하게 보상받고, 안정적인 고용이 보장되는 것. 그리고 이것을 토대로 자신의 미래를 계획하고 꿈꿀 수 있게 만들어주는 것이다. 이 세 가지 조건이야말로 지금 우리가 가장 집중해야 할 과제다. 청년들은 국가와 기업이 해주지 못하는 일들을 스스로 실천하고 있다.

우리나라 청년들은 다행히도 자신이 하고 싶고 배우고 싶은 일에 열정을 갖고 열심히 한다. '열정노동'이라는 이름으로 이를 악용하기도 하고, 너무 힘든 현실에 냉소적으로 대하는 이들도 있다. 하지만 결국 청년 투자는 우선 그 꿈과 열정을 정당하게 대우해주는 데서부터 시작해야 한다. 이들에게 열정과 의지, 희망이 살아 있을 때 도전이 실패로 끝나지 않도록 사회·제도적 지원이 절실하다.

또한 실패를 용납하는 사회적 관용이 있어야 한다. 단 한 번의 실패도 용납하지 않는 사회 분위기에서는 사회와 경제의 활력도 떨어질 수밖에 없다. 창업에 한 번 실패했다고 해서 '신용불량의 나락'으로 떨어진다면 누가 모험하고 도전하겠는가.

핀란드는 '실패의 날(Day for Failure)'이 있을 정도로 실패의 가치를 아는 사회다. 매년 10월 13일, 핀란드에서는 실패 경험을 공유하고 타인의 실패를 축하해준다. 모든 성공 뒤에는 수많은 실패 경험이 있다는 것을 알기에 제정된 날이다.

핀란드의 이런 실패를 용납하고 독려하는 사회 분위기에서 세계적인 히트작 '앵그리버드'도 나왔다. 모바일 게임업체 로비오가 51번이나 되는 실패 경험을 쌓지 않았다면 '앵그리버드'라는 성공도 없었을 것이다. 또한 모바일게임 '클래시 오브 클랜'을 개발한 슈퍼셀은 실패한 팀이나 직원에게 실패 축하 파티를 열어주는 전통이 있다. '실패를 안 한다는 것은 결국 모험을 안 하는 것'이라는 기업정신에서 비롯된 전통이다.

세계적으로 히트한 게임 '앵그리버드'와 '클래시 오브 클랜'은 실패를 응원하는 핀란드의 사회 분위기 속에서 탄생했다. 이런 분위기 덕분에 핀란드는 현재 세계에서 창업이 가장 활발한 나라다.

이런 분위기를 바탕으로 핀란드는 현재 세계에서 창업이 가장 활발한 나라가 됐다.

우리 사회가 처한 이 거대한 문제는 청년세대만이 아닌 장수시대와 저성장 시대를 맞이한 인류 전체가 풀어야 할 문제다. 그리고 미래를 개척하고, 새로운 길을 만들어내며, 희망을 키워줄 수 있는 당사자는 결국 청년세대다.

지금껏 시대를 막론하고 청년들이 사회 위기를 극복하고 혁신을 이끌어왔다. 청년을 귀하게 여기고, 청년에 투자하는 것. 이것이야말로 우리 공동체의 미래를 위해 할 수 있는 가장 확실한 투자다.

# '열정 vs 포기'라는 프레임에서
# 벗어나야 해답이 보인다

이윤정 PD

"이 거리도 예전에는 이렇지 않았어요."

인터뷰를 위해 커피숍을 찾아가던 길에 모타니 고스케 씨가 제작진을 향해 말했다. 일본종합연구소의 연구원이자 일본 내 화제를 일으켰던 《일본 디플레이션의 진실》의 저자인 그는 인구변화와 불황의 관계를 연구하고 있다. 그의 말을 듣고 이케부쿠로(도쿄의 3대 번화가 중 하나) 거리를 둘러보니, 오가는 행인 중 대다수가 노인이었다. 서울의 번화가와는 전혀 다른 세상처럼 느껴졌다.

"앞으로 10년 뒤, 한국은 더 크게 변해 있을 겁니다. 모두들 '이대로는 도저히 안되겠어'라고 말하겠죠. 그러나 그땐 이미 늦습니다."

그는 한국이 일본보다 세 배 빠른 속도로 고령화가 진행되고 있다고 경고했다. 그리고 한국에서 나타나고 있는 경기침체, 청년층 붕괴, 세대갈등 등이 1990년대의 일본을 닮아가고 있다고 우려했다.

일본은 역사적으로 '장수하는 나라'다. 1980~1990년대만 하더라도 일본의 장수 마을, 장수 비법을 소개하는 TV 다큐멘터리가 넘쳐났다. 일본은 최고령 세계기록을 가장 많이 보유한 나라이며 한 번도 그 타이틀을 빼앗겨본 적이 없다. '건강하고 오래 삶을 지속하는 것'은 그 자체로 개인과 사회에 큰 축복이다.

일본은 명성에 걸맞게 '노인대국'으로서의 사회 시스템을 오래 전부터 준비해왔다. 다중으로 설계된 연금제도는 물론 실버시장을 겨냥한 복지서비스 분야도 일찍이 발달했다. 일본은 실버산업의 전망을 장밋빛으로 내다보았으며, 간호 의료와 로봇 분야에 꾸준히 투자해왔다.

그러나 실제 일본은 생산가능인구 비중이 감소하기 시작한 1990년 초반 이후 '잃어버린 30년'이라는 장기불황의 길을 걷고 있다. 일본은 다가온 인구절벽을 피하지 못하고 고꾸라지고 말았다. 고령화를 노인층의 문제라고만 여긴 탓에 인구감소 시대의 핵심에 청년층이 있다는 사실을 간과했기 때문이다.

일본에서 청년층의 이상징후는 오래전부터 나타났다. 2009년 일본 아사히신문 석간에 '벤조메시'에 대한 기사가 톱으로 실린 적이 있다. 벤조메시란 우리말로 '변소밥'이라는 뜻이다. 도쿄 대학교를 비롯한 몇몇 대학의 화장실에 "이곳에서 밥을 먹지 마시오"라는 경고문이 붙은 것이 기사의 내용이었다. 화장실에서 혼자 밥 먹는 청년들이 있다는 것에 일본사회는 큰 충격을 받았다.

최근에는 결혼과 소비생활에 관심이 없는 사토리 세대의 등장으로 또다시 골머리를 앓고 있다. 돈을 벌지도 쓰지도 않는 그들이 일본 내수시장 활력을 떨어뜨린다고 보기 때문이다. 오죽하면 한 자동차 회사가 젊은이들에게 '운전면허를 따세요'라는 시리즈 광고를 내놓을 정도다. 일본에서는 이런 변화를 세대적 특성과 가치관으로 이해했다. 현실에 안주하려는 속성 때문에 청년들이 스스로 가난한 삶을 선택했다며 그들을 나무랐다.

　그러나 일본의 청년들이 처음부터 이렇게 무기력했던 것은 아니다. 1990년대 이후 장기불황이 시작되면서 일본의 기업들은 위기를 타계하고자 신규고용을 줄이고 정규직을 비정규직으로 빠르게 전환해 나갔다. 사회에 첫발을 내디뎌야 하는 청년들이 가장 큰 피해를 입을 수밖에 없었다. 일본 기업의 전통으로 여겨졌던 종신고용제도가 무너졌고, 오늘날 한국의 '열정페이'와 비슷하게 저임금, 불안정 노동으로 청년을 내모는 '블랙기업'들이 나타났다. 이 시기 일본에서 세대갈등도 심화됐다. 기성세대가 만들어놓은 소비품을 모두 불태우자는 과격한 구호를 앞세운 '반소비운동'이 일어나기도 했다.

　일본 사회는 청년의 문제를 해결해주지 못했다. 고령자 중심의 정책과 인위적인 경기 부양책들이 쏟아졌을 뿐 정작 결혼과 출산의 당사자인 청년들의 삶은 외면받았다. 당장의 정치적 이해와 경제 재건이라는 목표 앞에 청년들의 고통은 후순위로 밀려났다.

그 결과 지금 일본은 어떤가? 생애미혼남성 비율은 2010년 이미 20퍼센트를 돌파했다. 5명 중 1명은 평생 동안 한 번도 결혼을 하지 않는 것이다. 일본 젊은이들의 창업률은 OECD 국가 중 최하위를 기록하고 있다. 어떤 이들은 사토리 세대가 소비하지 않는 것을 '청년들의 복수'라고 독하게 표현하기까지 한다.

이제 청년들의 문제는 다시 전 사회, 전 세대의 문제로 전이되고 있다. 한때 부자 노인이 넘쳐났던 일본에서 최근에 '노후파산'이라는 말이 나오기 시작했다. 현금자산을 모두 써버린 노년층도 더 이상 기댈 곳이 없어진 것이다. 노년층의 복지를 위해서도 청년문제를 해결했어야 했다.

최근 아베 정권은 일본경제 부활을 위해 갖은 노력을 기울이고 있다. 그 핵심 내용 중 하나가 바로 청년층 재건이다. 엔저 정책으로 기업의 수출 활로를 열어주는 한편, 숨통이 트인 대기업에 직원들의 정규직 전환을 설득하고 있다. 파트타임 여성 인력을 정사원으로 전환하면 정부가 지원금을 주는 등 5년 내에 일본 비정규직 비율을 절반으로 줄이겠다고 선포했다. 또한 인구 1억 명을 유지하기 위해 '1억 총활약 플랜'을 세워 출산율을 끌어올리기 위한 절박한 노력이 진행되고 있다. 만약 이런 노력들이 조금만 더 앞서서 진행되었다면 지금의 일본 사회는 조금 달라졌을지 모르겠다.

또 다른 초고령 국가 이탈리아의 청년 고통은 아직 현재진행형으로 보인다. 40퍼센트가 넘는 살벌한 청년실업률 탓에 직장을 사고파는 암거래까지 나타나고 있다고 한다. 택시 운전기사나 교수 등의 직종을 가진 부모들이 일자리를 자녀에게 물려주는 세습도 일어난다. 우리가 만났던 35세 캥거루족 에리카의 아버지는 물려줄 직업이 없어 딸에게 연신 미안하다는 말을 전했다.

이탈리아는 한국과 마찬가지로 가족주의가 아주 강한 나라다. 그런 이탈리아에서 부모들이 자식들을 해외로 내보내고 있다. 7년 전 이탈리아의 최고 일간지에 실린 "아들아, 너는 이 나라를 떠나라"라는 기고문은 이탈리아의 현주소를 가늠케 한다.

더욱 충격적인 것은 이 글을 쓴 사람이 바로 이탈리아 명문대학의 총장이라는 점이다. 반대로 이탈리아의 마테오 렌치 총리는 "제발 청년들이여, 이 나라를 버리지 말아달라"고 호소하고 있다. 이탈리아 청년들은 정치에 대한 희망을 버린 지 오래다. 한 코미디언 출신 정치인의 '모든 국회의원들을 집으로 보내자'는 과격한 구호에 20~30대 젊은이들이 열광적인 지지를 보내기도 했다. 과거 이념으로 나뉘었던 정치는 이제 극명하게 세대로 갈라지고 있었다.

일본과 이탈리아를 취재하고 청년을 만나면서 어쩔 수 없이 한국의 모습이 계속 겹쳐 보였다. 마치 평행우주처럼 일본의 '변소밥'이 한국의

'혼밥'으로, 이탈리아의 청년 유출이 한국의 '헬조선 탈출'로 재현된다. 한국은 초고령사회에 진입하기도 전에 심각한 청년층 이상징후를 보이고 있다. 일하는 청년들 3명 중 1명은 비정규직이며, 그들 가운데 1년 이상의 근로계약을 맺는 사람은 단 3퍼센트에 불과하다. 신규 실업자의 70퍼센트가 이제 막 사회에 첫발을 내딛는 20대 후반의 젊은이들이다. 청년층 소외가 벌써부터 상당 부분 진행되고 있는 것이다.

그러나 오랫동안 청년 이슈는 열정·패기·도전이라는 내면적 프레임에 갇혀 있었다. 과거 일본에서 그랬던 것처럼, 청춘이라는 단어에 내포되어 있던 싱그러움과 건강함은 사라졌고 이 시대의 청년들은 한없이 나약하고 안쓰러운 존재로 상징되고 있다. 이런 접근은 여론을 환기하는 효과는 있지만, 청년문제를 더욱 청년만의 문제로 고립시킨다. 점점 심각해지는 세대갈등을 푸는 데에도 도움이 되지 않는다.

인구변화라는 커다란 흐름 속에서 구조적인 문제로서 나타나는 청년 고통을 이해하고, 이것이 특정 세대의 문제가 아닌 전 세대 공동의 과제라는 점을 분명하게 인식하는 것. 이것이 우리가 생각하는 해결의 첫걸음이며, 방송의 목표이기도 했다.

인구절벽을 맞이할 한국의 가까운 미래는 안타깝게도 일본이나 이탈리아보다 더 험난할 것으로 보인다. 많은 현금을 보유하고 있던 일본의 은퇴세대나, 한때 충분한 연금혜택을 누릴 수 있었던 이탈리아의 노인들과 달리 한국의 노년층 빈곤은 심각한 수준이다.

한국의 베이비부머들은 자산의 대부분을 부동산으로 보유하고 있다. 부동산 가격의 상당 부분이 가계부채다. 하지만 점점 가난해지는 청년세대는 부모세대의 부동산을 인수할 경제적 능력이 없다. 청년은 연애와 결혼을 포기하면서까지 삶의 비용을 최소화하고 있다. 노년의 빈곤 그리고 청년의 가난이 겹쳐서 다가온다. 어떤 특정 세대에게 더 많은 희생을 요구할 수 없는 상황이다. 그러나 확실한 것은, 가장 근본적인 처방을 하지 않으면 이 사회가 더 이상 지속 가능하지 않다는 것이다. 미래에는 어떤 세대만 불행하고 어떤 세대만 행복해지는 제로섬 게임은 없다.

우리에게는 더 나은 미래를 위한 선택지가 있다. 사회적 논의를 통해 한정된 자원을 어떻게 효율적으로 배분할지를 결정할 수 있다. 고령화사회의 취약계층으로 전락한 것도 모자라 사회로부터 지지받지 못하는 청년층에게 새로운 활로를 열어주는 것도 그 결정 중 하나다. 청년 투자는 장기적인 정책 의지와 사회적 합의가 아니면 실천되기 어렵다는 단점이 있다. 하지만 이것이 우리가 택할 수 있는 가장 근본적인, 최후의 처방이다. 몇 년 전 유럽에서는 다가올 고령화사회의 해결책으로 '세대 간 정의'를 원칙으로 세웠다. 어떤 세대도 낙오되어서는 안 된다는 것이다.

한 설문조사에서 한국의 50대 이상 고령층이 생각하는 가장 시급한 사회문제로 '높은 집값'이 1위, '청년실업'이 2위로 집계된 것을 본 적이 있다. "사회보장 대책을 확대하기 위해 세금을 더 내겠는가?"라는 질문에는 부양의무가 큰 젊은 세대들이 오히려 더 높은 찬성의견을 냈다. 이런 것을 볼 때, '아버지와 아들의 밥그릇 전쟁'이라는 갈등 구도는 속 깊은 진실과는 거리가 멀게 느껴진다.

　우리는 충분히 더 나은 선택을 할 수 있고, 그럴 때 우리가 미처 생각하지 못했던 새로운 기회가 찾아올 수 있다. 일본과 이탈리아, 독일의 사례가 우리가 택해야 할 길이 무엇인지 잘 보여준다. 시간이 많지 않다.

# 2부

# 경제
Economy

明見萬里

# 4 장

# 로봇이 대체 못할
# 직업을 가져야 하나

—

일자리의 소멸인가, 일자리의 이동인가

明見萬里

이제 기업이 성장해도 고용이 늘어나지 않는다.

게다가 급속한 기술 발전은 기존의 일자리도 소멸시킨다.

수렵의 시대 이후 인류가 처음으로 대면한 새로운 문제.

잘못된 예언이라 여겼던

'노동의 종말'을 어떻게 해결할 것인가.

# 로봇이 대체 못할 직업을
# 가져야 하나

일자리의 소멸인가, 일자리의 이동인가

## 요리사가 없는 음식점

—

텔레마케터, 회계사, 세무사, 은행원, 약사, 요리사, 제빵사, 부동산 중
개사, 버스기사, 택시기사, 이발사, 동물 사육사, 스포츠 심판, 모델, 웨
이터, 도서관 사서, 보험판매원, 정육업자, 경비보안요원, 항해사, 인
쇄업자, 목수, 우편배달부, 치위생사, 원자력기술자, 운송업자….

위에 언급된 직업들의 공통점이 무엇일까? 놀랍게도 20년 안에 사라
질 가능성이 높은 직업들이라는 것이다.

영국 옥스퍼드대 교수 칼 베네딕트 프레이와 마이클 오스본은 2013년

700여 개의 직업을 분석해 〈고용의 미래: 우리의 일자리는 컴퓨터화에 얼마나 민감한가〉라는 충격적인 보고서를 발표했다. 두 교수는 미국의 702개 직업 가운데 47퍼센트의 일자리가 컴퓨터화 가능성이 높은 고위험 직군에 속한다고 밝혔다. 20년 안에 700여 개 일자리 중 약 절반이 사라진다는 것. 또 고위험 직군에 속하는 일자리는 10년 또는 20년 안에 자동화되어 컴퓨터에 의해 대체되거나 직업의 형태가 매우 크게 변화할 가능성이 높을 것으로 추정했다.*

그중에는 의사, 판사, 변호사, 약사 등 우리가 선망하는 일자리도 포함되며, 요리사가 사라질 확률은 무려 96퍼센트에 달한다. 머지않은 시간 내에 많은 식당의 주방을 로봇 요리사가 점령할 것이라는 이야기다. 2015년 영국의 로봇제조회사인 몰리 로보틱스가 공개한 '로봇 셰프'는 독일 하노버 산업기술박람회에서 게살 크림수프를 25분 만에 만들어내기도 했다.

응시생만 매년 만 명이 넘는 최고의 인기 직업인 회계사도 사라질 확률이 94퍼센트다. 실제로 현재 회계 업무의 상당 부분이 자동화되는 추세다. 미용사와 아나운서도 각각 80퍼센트, 72퍼센트로 컴퓨터화될 가능성이 높은 고위험 직군에 속했다.

---

* 대한민국의 경우는 어떨까? 소프트웨어정책연구소에서 2016년 발표한 〈소프트웨어 중심사회에서의 미래 일자리 연구〉에 따르면, 프레이와 오스본의 연구 방법을 한국에 적용하자 일자리가 사라질 위험이 높은 고위험군 직업 종사자가 미국보다 더 많은 63퍼센트에 달했다. 우리나라 직업의 3분의 2가 컴퓨터화로 인해 사라질지도 모른다는 말이다.

◆ 고용의 미래: 향후 컴퓨터화로 사라질 가능성이 높은 직업들

| 직업 | 가능성 | 직업 | 가능성 | 직업 | 가능성 |
|---|---|---|---|---|---|
| 텔레마케터 | 0.99 | 도서관 사서 | 0.65 | 성직자 | 0.0081 |
| 모델 | 0.98 | 컴퓨터프로그래머 | 0.48 | 중등교사 | 0.0078 |
| 요리사 | 0.96 | 판사 | 0.4 | 헬스트레이너 | 0.0071 |
| 회계사 | 0.94 | 배우 | 0.37 | 치과 의사 | 0.0044 |
| 보험판매원 | 0.92 | 기자, 특파원 | 0.11 | 초등학교 교사 | 0.0044 |
| 제빵사 | 0.89 | 경찰 | 0.098 | 심리학자 | 0.0043 |
| 택시기사 | 0.89 | 가수 | 0.074 | 외과, 내과 의사 | 0.0042 |
| 부동산 중개사 | 0.86 | 여행 가이드 | 0.057 | 영양사 | 0.0039 |
| 이발사 | 0.8 | 작곡가 | 0.015 | 헬스케어 부문 사회복지사 | 0.0035 |
| 치위생사 | 0.68 | 간호사 | 0.009 | 레크리에이션 테라피스트 | 0.0028 |

숫자가 1에 가까울수록 사라질 가능성이 높고 0에 가까울수록 지속 가능한 직업이다.
(출처 : 〈The future of employment〉, Carl Frey, Michael Osborne, 2013)

이 보고서가 아니더라도 기술 발달로 이미 사라졌거나 사라지고 있
는 일자리는 우리 주변에서 쉽게 발견된다. 지하철에서 항상 만날 수 있
었던 매표원은 교통카드의 등장으로 매표소가 폐쇄되면서 2009년 완
전히 사라졌다. 톨게이트 징수원 역시 고속도로에 하이패스가 도입되
면서 꾸준히 줄어들고 있다.

20년 후라고 해서 미래에 벌어질 일이라고만 생각해서는 곤란하다.
이미 일자리 소멸은 현재 진행 중이다. 분야를 가리지 않는다. 계산·분
석이나 단순노무뿐 아니라, 흔히 사람만이 할 수 있는 영역이라고 생각
했던 작곡이나 요리 등 창조적인 업무에서도 상황은 마찬가지다.

현재 최고의 인기를 구가하며 '셰프'라는 이름으로 각광받는 요리사를 기계로 대체하여 성업 중인 곳이 있다. 100엔 스시집으로 유명한 일본의 회전초밥 체인점 '쿠라 스시' 도쿄점에는 하루에 700명이 넘는 손님이 찾아오지만, 직원은 몇 명 되지 않는다. 모두 자동화 시스템이기 때문이다. 손님들은 직원을 부를 필요 없이 테이블마다 비치된 터치 패드로 초밥을 주문한다. 주문하고 2분이 채 되기 전에 고속 컨베이어벨트를 타고 초밥이 자리까지 배달된다. 다 먹은 접시는 역시 테이블 한쪽의 투입구에 넣으면 자동으로 계산되고, 접시는 자동 세척, 건조 과정을 거쳐 주방으로 옮겨진다. 손님에게 선택되지 않아 너무 오래 컨베이어벨트에 있었던 초밥은 로봇 팔이 알아서 집어낸다. 접시 밑에 내장된 칩으로 시간을 체크하기 때문이다.

무엇보다 이 체인점에는 요리사가 한 명도 없다. 대신 로봇이 마치 초밥 장인처럼 손으로 밥알을 가볍게 쥐어 부드럽게 뭉치는 정교한 기술을 구현한다. 로봇은 1시간에 3600개의 초밥을 만들어 요리사보다 다섯 배나 속도가 빠르다. 로봇이 밥을 뭉쳐놓으면 아르바이트 직원들이 그 위에 생선을 얹어 초밥 형태로 만드는 단순 작업을 한다. 초밥용 생선은 중앙 가공 공장에서 정확한 무게로 썰어 신선하게 배달되어 오는 것을 사용한다.

이곳에는 심지어 점장도 없다. 중앙 컨트롤센터에서 원격 매니저들이 지점에 연결된 비디오를 통해 초밥 모양이 제대로 되었는지, 초밥이 컨베이어 벨트에 제대로 돌고 있는지 등을 실시간으로 체크한다.

기계가 요리사와 직원의 자리를 대체하면서 고객들은 싼 가격에 초밥을 먹을 수 있게 되었고, 가격 대비 초밥 맛에 대한 만족도도 높은 편이다. 그 결과 이 음식점은 경기침체로 비싼 음식점들이 고전하는 동안 일본 전역에 체인점을 350여 개로 늘렸고, 매출도 꾸준히 늘어 동종업계 2위 자리를 굳건히 유지하고 있다.

고객 입장에서야 마다할 이유가 없겠지만, 요리사라는 전문직이 단순 아르바이트로 교체되는 구조를 생각한다면 마냥 환영할 수만은 없는 풍경이다. 유사 이래 요리는 인류의 고유한 능력이었다. 인간을 제외한 그 어떤 생명체도 요리를 한 적이 없었다. 그러나 이제 그 영역에서마저, 기계가 인간의 자리를 넘보고 있다. 더 큰 문제는 이것이 요리의 영역에 그치지 않는다는 점이다.

## 경제성장 10% 그러나 고용 증가는 1%

—

기계가 인간의 일자리를 위협할 것이라는 불안은 어제오늘의 이야기가 아니다. 19세기 영국에서는 산업혁명으로 실업자가 된 노동자들이 공장을 습격해 방직기계를 때려 부수는 '러다이트 운동(Luddite Movement)'이 일어났다. 수백 명의 노동자가 할 일을 기계 하나가 척척 해내니 일자리를 빼앗아가는 원흉으로 보였던 것이다.

그러나 노동자들의 예상과 달리 산업혁명으로 시작된 기계문명의 발

나지 않아 더 풍부한 일자리를 만들어냈다. 더불어 인간이
의 힘으로 해왔던 고된 육체노동을 기계가 대신함으로써 인간
활은 좀 더 편리해질 수 있었다.

그렇다면 지금 일어나는 변화도 같은 패턴을 보일까? 조금 기다리면
새로운 시대에 필요한 새로운 일자리가 더 많이 생기는 것이 아닐까?
지금은 세상이 한 단계 발전하는 과도기인데 우리가 그사이를 못 참고
호들갑을 떠는 것은 아닐까?

안타깝게도 19세기와 지금의 상황은 같지 않다. 이전처럼 기술 발전
으로 경제가 성장하는 건 같지만 일자리는 늘어나지 않는다. 오히려 경
제성장과 일자리 증가가 반비례한다고 봐도 무방하다.

이런 현상을 대표적으로 보여주는 나라가 있다. 세계 역사상 전례 없
는 고속 성장을 이루고 있는 중국이다. 1인당 국민소득을 두 배로 늘리
는 데 미국, 영국, 일본은 30년이 걸렸지만, 중국은 단 3년 만에 그것을
이루어냈다. 최근 경제성장률이 7퍼센트로 떨어지긴 했지만, 세계 평균
경제성장률이 3퍼센트라는 것을 고려하면 중국은 여전히 높은 성장률
을 자랑하는 유일한 나라다.

전 세계 노동자들을 블랙홀처럼 빨아들이며 중국을 '세계의 공장'으
로 이끌었던 제조업의 중심지 광둥성으로 가보자.

광둥성 선전시에는 대만에 본사를 둔, 중국에서 가장 큰 제조업체인
폭스콘의 공장이 있다. 직원 수가 120만 명에 이르는 폭스콘은 몇 년 전
까지만 해도 중국인들이 누구나 가고 싶어 하는 꿈의 직장이었다. 공장

앞에는 매일같이 수천 명의 구직자가 몰려드는 진풍경이 펼쳐지곤 했다. 폭스콘의 가장 큰 거래처는 세계적 기업 애플로, 아이폰과 아이패드의 대부분이 폭스콘 공장에서 생산됐다. 연매출이 무려 140조 원에 달했다.

그러나 폭스콘 노동자들의 상황은 달랐다. 일주일에 6일, 하루 14시간 넘게 일해도 월급은 한국 돈으로 35만 원이 되지 않았다. 항상 CCTV로 감시하며 작업 중에는 대화를 금지하고 화장실도 마음대로 못 가게 하는 등 숨 막히는 통제가 동반됐다. 저임금과 열악한 노동 환경 등, 기업이 수익성만 추구한 결과는 끔찍했다. 2010년부터 노동자가 스스로 목숨을 끊는 일이 줄지어 발생한 것이다.

## 로봇 공장은 인간 노동의 무덤이 될 것인가

———

이런 상황에서 폭스콘이 내린 결단은 노동자를 위한 것이 아니었다. 노동시간을 줄이거나 복지혜택을 늘리는 대신 노동자를 대체할 수 있는 로봇을 도입한 것이다. 아무리 쉬지 않고 일해도 지치지 않는 로봇이 문제 해결의 최선책이라고 보고, 아이폰 6 조립 공정에 '폭스봇'을 투입했다. 현재는 단순 보조작업에 활용되고 있지만 폭스콘은 앞으로 더 복잡하고 세밀한 작업이 가능한 로봇을 개발할 계획이다. 그래서 100만 대의 로봇이 생산라인 전 공정에서 사람 대신 일하는 꿈을 꾸고 있다.

지금 폭스콘 노동자들 사이에는 대규모 해고가 일어날 수 있다는 긴장감이 감돈다. 휴가기간이나 춘절이 끝난 직후에는 의례히 직원을 많이 채용했는데 이제는 예전만큼 직원을 많이 뽑지 않는다고 한다.

로봇으로 인한 실업의 공포는 폭스콘만의 일이 아니다. 적은 자본으로 최대 수익을 얻고자 하는 중국 기업들에게 로봇 도입은 기업 경쟁력을 높이는 안성맞춤의 수단이다.

광둥성에서 전자제품, 플라스틱 제품, 완구품 등을 생산하는 다른 공장 대부분도 로봇을 이용해 제품을 생산하고 있다. 선전시에 위치한 한 컴퓨터 제품 생산 공장에는 총 75대의 로봇이 24시간 쉬지 않고 일하면서 사람의 손으로 부품을 조립하던 일을 대신하고 있다. 로봇은 사람보다 훨씬 빨리 더 많은 일을 정교하게 해낸다. 로봇 도입 후 생산 라인 하나당 직원 수가 8명에서 2명으로 줄었고, 공장 전체로 봤을 때는 3000명의 직원 중 2000명이 일자리를 잃었다. 아직 남아 있는 직원들도 로봇이 놓친 부분이 있는지 살피거나 보충하는 정도의 일을 하고 있다.

이런 실정이다 보니 노동자가 늘어나는 공장은 딱 하나, 로봇 제조 공장뿐이다. 광둥성 둥관시의 한 로봇 제조 공장은 요즘 어느 때보다 특수를 누린다. 2008년 직원 다섯 명으로 시작한 로봇 제조 공장은 불과 7년 만에 400명까지 직원이 늘었고, 2014년 한 해 동안 약 1만 대의 로봇을 팔아 220억 원의 매출을 올렸다. 지금의 추세라면 중국은 2017년까지 미국과 일본을 제치고 세계에서 가장 많은 로봇 생산 라인을 보유한 국가가 될 것이다.

광둥성은 중국 전역을 통틀어 가장 높은 경제성장률을 보이는 지역이면서, 전국에서 가장 많은 실업자가 있는 곳이다. 이런 상황은 중국 전체를 두고 봐도 다르지 않다. 지난 30년간 중국은 연평균 10퍼센트에 달하는 놀라운 경제성장을 이루었지만 고용률 증가는 단 1퍼센트에도 미치지 못한다. 중국의 노동자들은 언제 일자리를 잃을지 몰라 두려움에 떤다. 이것이 바로 세계 최고의 경제 대국, 세계 경제를 들었다 놨다 하는 중국의 진짜 현실이다.

## 고추장 마을 순창의 딜레마

—

이렇듯 중국의 가장 큰 문제는 경제가 성장하는 만큼 일자리가 늘어나지 않는다는 것이다. 그렇다면 우리나라는 어떨까? 우리도 중국만큼은 아니지만 높은 경제성장을 이룬 나라다.

한 경제연구소에서 우리나라 2000대 기업의 성장률을 분석했는데, 이들 기업이 올린 총 매출액은 2000년 815조 원에서 2010년 1711조 원으로, 10년 만에 두 배 이상 늘어날 만큼 놀라운 성장세를 보였다. 같은 기간 일자리는 얼마나 늘었을까? 156만 명에서 161만 명으로, 겨우 5만 명 늘었을 뿐이다. 임금 역시 해마다 증가하는 생산성에 비해 얼마 오르지 않아 임금과 생산성의 격차는 갈수록 벌어지고 있다. 경제가 성장하는데도 임금이 오르지 않는다는 것은 그 성과가 노동자에게 배분

되지 않았다는 것을 의미한다.

고추장으로 유명한 전라북도 순창은 이러한 현상을 여실히 보여준다. 순창은 바람, 온도, 습도 등 맛있는 고추장을 만들 수 있는 최적의 조건을 갖춘 곳이다. 1989년부터 순창에 거대 자본이 몰려들어 고추장 공장이 생겨나기 시작했고, 주민들은 일자리가 늘어날 것으로 기대했다.

현재 11개의 공장에서 매년 4만 톤의 고추장을 생산하고 있다. 이는 우리나라 전체 고추장 시장의 약 40퍼센트를 차지하는 양이다. 순창의 전체 공장 매출액은 3000억 원이 넘는다. 이 중 가장 규모가 큰 기업의 경우 25년 동안 매출액이 20억에서 2000억으로 무려 100배 증가했다. 같은 기간 일자리는 얼마나 늘었을까?

놀랍게도 단 10개에 불과했다. 자동화 시설을 이용한 덕분에 순창의 공장들은 최소 인력으로 최대의 돈을 벌 수 있었고, 기업이 성장한 만큼 일자리는 창출되지 않았다. 이제 기업이 잘되면 경제가 성장하고 일자리가 늘어날 것이라는 이야기는 경제 교과서에나 나오는 말이 되어버렸다.

## 일자리는 이동하는가 소멸하는가

순창이 겪는 딜레마는 전 세계에서 동일하게 나타난다. 순창이라는 작은 지역은 대한민국의 축소판이고, 대한민국은 전 세계의 축소판이다.

경제성장 초기에는 마치 운명 공동체처럼, 기업이 잘되면 그만큼 일자리도 늘어났다. 하지만 호시절은 오래가지 않았다. 2000년대부터 기업 생산성이 높아져도 고용은 증가하지 않는 현상이 나타나기 시작했다. 경제학자 제라드 번스타인은 성장률과 고용률의 격차가 점점 더 커져 뱀의 입처럼 벌어진다고 하여 이러한 현상을 '뱀의 입(Jaws of the Snake)'이라고 불렀다. 우리나라를 비롯해 미국, 영국, 독일, 일본 등 대부분의 나라들도 같은 추세를 보인다.

2000년부터 벌어지기 시작한 뱀의 입은 좀처럼 닫힐 기미가 보이지 않는다. 다수의 전문가들은 시간이 지날수록 뱀의 입이 더욱 커질 것으로 전망하고 있다. 그들이 내세우는 근거는 바로 기술의 급속한 발전이다.

무인자동차가 그 좋은 예다. 2004년 모하비 사막에서 열린 첫 번째 무인자동차 경주대회는 코스를 완주한 차량 하나 없이 대실패로 끝났다. 그러나 그로부터 약 12년이 지난 지금, 우리는 연일 뉴스에서 도로를 안정적으로 주행하는 무인자동차 소식을 듣는다. 운전자 없이도 핸들과 브레이크를 자유자재로 조작하고, 갑작스러운 장애물도 정확하게 인지한다.

수많은 과학자들이 스스로 운행하는 자동차를 개발하는 것은 불가능하다고 단언했지만, 기술은 이미 인간의 상상을 넘어서고 있다. 무인자동차로 대표되는 기술 발전은 우리 사회를 더욱 풍요롭게 할 것이다. 문제는 기술이 우리의 일자리를 위협한다는 사실이다.

◆ 전 세계의 생산성과 고용률

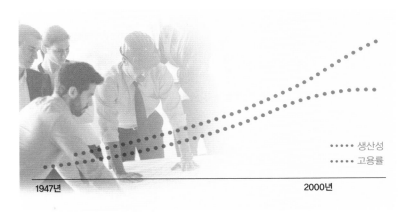

세계는 오늘날 기업 생산성이 높아져도 고용은 늘어나지 않는 상황에 직면해 있다. 경제학자 제라드 번스타인은 둘 사이의 격차가 점점 벌어지는 현상을 '뱀의 입'이라고 이름 붙였다.

현재 미국에서는 캘리포니아 주, 네바다 주, 플로리다 주 등 다섯 개 주에서 무인자동차 운행을 허가한 상태이며, 단 두 개의 주를 제외한 나머지 주들은 허가 법안을 준비 중이거나 최소한 금지하지는 않고 있다.

지금의 추세대로 2025년까지 미국에서 무인자동차가 상용화되면 어떤 일이 벌어질까? 자동차 부품 제조 부문에서 88만 명, 딜러와 AS 분야에서 302만 명, 트럭·버스·택시 운전사 600만 명 등 무려 1000만 개의 일자리가 사라진다고 한다. 거기에 더해 자동차 보험, 렌터카 회사, 주차 사업, 교통경찰, 운전학원도 모두 사라질 운명이다.

일부 전문가들은 일자리가 사라지면 새로운 일자리로 옮겨가면 된다고 말한다. 하지만 생각해 보자. 무인자동차 때문에 없어지는 일자리는 이루 셀 수 없지만, 무인자동차로 인해 새로 생겨나는 일자리는 개발하고 연구하는 전문가 몇 명뿐이다. 앞으로는 무인자동차 생산도 로봇과 3D프린터가 담당할 테니 말이다.

기술 발전으로 인한 일자리 감소는 아주 먼 미래의 일이 아니라 현재 진행형이다. 브루킹스 연구소의 2015년 자료에 따르면 지난 7년간 미국 자동차 산업의 연간 생산량은 20퍼센트 가까이 늘었지만 직원 수는 오히려 10퍼센트 이상 줄어들었다.

## 로봇 판사와
## 휴머노이드 배우의 시대가 온다

—

택배기사 대신 드론이 물건을 배달해줄 날도 머지않았고, 데이터 수집이나 보고서 작성 등의 사무직 업무도 인공지능으로 대체될 확률이 높다. 상대적으로 텔레마케터, 세무사, 회계사, 보험관리사 등 반복적인 업무가 많은 직업군들이 사라질 위험이 높지만 전문직 역시 예외는 아니다.

그 일례가 약사다. 미국 캘리포니아 주의 한 대학병원 조제실에서는 로봇이 약사 역할을 하고 있다. 의사가 약을 처방하면 로봇이 약을 찾아 포장까지 하는데, 3500건의 약을 조제할 동안 단 한 번의 실수도 하지 않았다고 한다. 미국에서는 이미 다섯 개의 대학병원에서 약을 조제하는 로봇을 도입한 상황이다.

앞서 소개한 프레이와 오스본의 보고서에 따르면 판사가 사라질 확률도 40퍼센트나 되었다. 인공지능이 변호사, 신문기자, 번역가 등의 지식노동까지 대신할 전망이다.

세계 금융시장의 중심, 미국 월스트리트에도 이러한 변화는 여지없이 몰아닥치고 있다. 전쟁터를 방불케 했던 주식 시장의 풍경은 사라진 지 오래다. 주식 시장을 지배했던 펀드매니저나 자산관리사들이 초고속 컴퓨터와 알고리즘 트레이딩 시스템에 밀려나고 있다. 여러 데이터를 분석해 알고리즘, 즉 문제를 해결하는 규칙에 따라 컴퓨터가 어떤 주식을 사고팔지를 알려주는데, 1초에 150만 개의 정보를 처리할 정도로 그 속도가 빠르다. 현재 미국 증권 시장에서 주식의 70퍼센트가량이 알고리즘에 의해 거래되고 있다.

이렇듯 알고리즘과 컴퓨터 기술의 발전은 고도의 판단력을 요구하는 인간의 직업을 하나둘 삼키고 있다.

창의력이나 감정이 필요한 영역도 안심할 수 없다. 2015년에는 세계 최초로 로봇 배우가 주연을 맡은 영화가 개봉했다. 이 로봇의 이름은 '제미노이드 F'로, 오사카대 이시구로 히로시 연구팀이 만든 안드로이드 로봇이다. 아름다운 동양 여성의 얼굴을 하고 있으며 원격조종으로 65개의 표정 연기는 물론 노래도 할 수 있다고 한다. 원전 사고 이후 일본을 배경으로 한 영화 〈사요나라〉에서는 끝까지 주인 곁을 지키는 로봇 역을 맡았다. 또 2010년에 이미 동명의 연극에서 연기한 적이 있고,

로봇은 이제 단순노동을 넘어 고객을 응대하고 감정을 연기하는 수준으로까지 진화했다. 왼쪽은 도쿄의 한 농산물 매장에서 수박 판매 아르바이트를 하는 휴머노이드 로봇 '페퍼'. 오른쪽은 일본 최초의 안드로이드 연극 〈사요나라〉에서 연기하는 안드로이드 배우 '제미노이드 F'.

2013년에는 한국에서도 공연했다. 프레이와 오스본의 보고서에서도 배우가 사라질 확률이 37퍼센트라고 전망한 바 있다.

한편 일본 소프트뱅크에서 개발한 인공지능 서비스 로봇 '페퍼'는 사람의 감정도 인식할 수 있다. 요코하마의 한 전자상가 커피머신 판매점에서 점원으로 일하는 페퍼는 자신만의 방식으로 고객과 소통하며 커피머신을 추천하고 있다. 2015년 페퍼를 처음 판매하기 시작했을 때 단 1분 만에 1000대가 매진될 정도로 인기가 높았다.

인공지능이 가장 하기 힘든 분야가 사람의 감정을 읽고 분위기를 파악하는 일이라고 여겼는데, 이제 그 영역에서도 서서히 인간을 대신할 만한 능력을 키우고 있다. 이로 인해 주로 제조업 분야에 도입되던 로봇의 진출 영역이 넓어지고 있다. 일본의 서비스 로봇 규모는 20년 내에 100배 이상 확대될 전망이다.

# 우리는 지금 태풍의 눈 속에 있다

———

그런데 이렇게 엄청난 기술 발전의 속도 때문에 일자리가 사라지는 것이라면, 이 현상을 과연 해결할 수는 있는 걸까? 우리가 일부러 기술 발전 속도를 늦추거나, 노동이 로봇화되는 것을 억지로 막을 수도 없는 일이지 않은가.

여기서 한 가지 짚고 넘어갈 부분이 있다. 앞서 보았던 '뱀의 입'처럼, 기업 성장률은 계속 높아지는데 일자리도 임금도 늘지 않았다면 기업의 이익은 다 어디로 간 것일까?

물론 기업이 낸 이익은 어디로도 사라지지 않았다. 다만 배분하지 않고 기업 내부에 쌓아두고 있는데, 이를 사내유보금이라고 한다. 국회예산정책처의 2014년 자료에 따르면, 상장기업의 사내유보금은 1990년 26조 3000억 원에서 2012년 762조 4000억 원으로 약 29배 증가했다. 기업의 수익이 계속 쌓이고 있지만 고용이나 임금으로 흘러가지 않아 돈의 순환이 이뤄지지 않고 있는 것이다. 국민 경제 전체로 두고 봤을 때는 전혀 효율적이지 않은 상황이다. 파이부터 먼저 키우면 모두가 잘 살게 될 것이라는 믿음은 더 이상 유효하지 않은 것일까?

폭스콘 공장에서 생산되는 아이폰의 경우, 한 대 가격을 100만 원으로 치면 중국 노동자의 몫은 2만 원이 채 안 된다. 가장 많은 돈을 가져가는 최고 수혜그룹은 다름 아닌 애플의 주주들이다. 이들이 36만 5000원을 가져간다. 오랫동안 우리는 대기업의 성장을 국가경제 전체의 성장과 동일시했다. 그러나 대부분의 기업들은 국가 전체의 경제를 고려하거나 거시적인 관점에서 경제 발전을 위해 행동하지 않는다. 대신 주주 이익을 극대화하기 위해 더 빠르게, 더 많은 것을, 더 적은 비용으로 생산하려 사투를 벌인다. 이것이 바로 주주자본주의다.

구글은 2011년에 1900명을 고용하겠다고 발표했다가 주가가 20퍼센트 넘게 폭락한 바 있다. 인건비가 늘어나 수익이 줄어들 것을 우려한 투자자들 때문이다. 주주자본주의는 대량해고를 하더라도 이익과 배당이 커지는 것을 추구하기에, 저비용 고효율을 낼 수 있는 일이라면 그 어떤 것이라도 반긴다.

로봇으로 대표되는 기술 발전을 인간사회의 풍요를 위해 사용할 수도 있다. 하지만 주주자본주의 추종자들처럼 이윤을 추구하는 목적으로만 사용한다면, 일자리가 줄어드는 속도는 상상을 초월하게 될지도 모른다.

《노동의 종말》을 쓴 제러미 리프킨은 "첨단 기술과 정보화 사회, 경영 혁신은 인간의 삶을 풍족하게 만드는 것이 아니라 오히려 일자리를 사라지게 만들 것이다"라고 예견했었다. 모두가 반신반의했지만, 이 말은 지금 현실로 다가왔다.

효율성과 기술의 진보 덕분에 분명 세상은 더욱 발전하겠지만, 그럴수록 우리의 일자리는 점점 더 위협받고 있다. 이것이 전 세계에서 나타나는 '풍요의 역설'이다. 일자리가 사라지는 것은 개인을 넘어 사회 전체에 충격과 붕괴를 가져올 아주 절박한 문제이지만, 그것이 어떤 속도로 어떻게 진행될지 태풍의 눈 속에 있는 우리는 잘 느끼지 못한다.

일자리가 사라지는 상황은 600만 년 인류 역사에서 단 한 번도 없었던 일이다. 인류는 역사의 99퍼센트에 달하는 기간 동안 수렵과 채집 활동을 하며 살았다. 일을 해서 가족을 먹여 살리기도 했고 사회적 관계를 만들기도 했다. 그런 의미에서 일은 우리에게 본능이다. 일이 있어야만 인간은 인간다워질 수 있다.

그러나 인류 진화의 역사를 통째로 뒤흔드는 이 엄청난 지각변동 앞에서 우리는 어떻게 해야 하는가? 기계와 공존하면서도 인류가 일자리를 잃지 않고 함께 발전하는 길은 있을까?

언제나 질문에 답이 있다. 이제 대기업 위주의 경제 구조가 일자리와 임금을 늘리지 못한다면, 그 경제 구조를 바꾸기 위한 정책에 집중하는 것이 답이다. 대체 가능하고 표준화된 능력이 필요 없는 사회가 되었다면, 그렇지 않을 능력을 키울 수 있는 교육 시스템을 만드는 것이 지금의 답이다. 우리는 언제나 더 좋은 것, 더 나은 답을 찾아야 하지만, 그러기 위해서는 '익숙하지만 잘못된 일'을 그만하는 것부터 해야 한다. 그것으로부터 변화는 시작될 수 있다.

明見萬里

# 5장

# 정글에서
# 일어나는 변화

—

### 자본주의는 스스로를 어떻게 살려낼 것인가

明見萬里

뉴욕 맨해튼 '뉴발란스' 매장은 쇼윈도에서

직접 손으로 신발을 만드는 과정을 공개한다.

소비자 자신이 지불하는 운동화의 가격 속에 한 사람의 노동이 들어 있고,

한 사람의 일자리가 달려 있음을 보여주기 위함이다.

잔혹한 정글에 비유되는 자본주의가

이제 새로운 진화의 방법을 선택하고 있다.

# 정글에서
## 일어나는 변화

> 자본주의는 스스로를 어떻게 살려낼 것인가

## '악덕기업' 월마트에 일어난 이상한 변화

—

월마트는 미국의 대표적인 유통업체다. 1962년 문을 연 이래 '매일 최저가(Everyday Low Price)'를 슬로건으로 내걸고 저가 정책을 추구해왔다. 소비자들은 싼값에 물건을 구입할 수 있다는 사실에 환호했고, 월마트는 미국을 넘어 세계 최대의 유통기업으로 우뚝 설 수 있었다.

월마트는 가격을 내리기 위해 어떠한 노력도 아끼지 않았다. 직원들의 임금을 깎고 복지에 들어가는 돈을 줄였다. 납품업체들도 허리띠를 졸라매야 했다. 또한 인건비가 싼 중국이나 베트남으로 미국 공장들을 내보내는 데 앞장섰다.

그러던 월마트가 최근 이상한 행동을 하고 있다. 2013년부터 '미국을 삽니다(Buy America)' 캠페인을 벌이며 2023년까지 미국산 제품을 추가로 구매하는 데 2500억 달러를 쓰겠다고 공언한 것이다. 무조건 싸게 파는 전략으로 많은 소비자를 끌어모았던 월마트가 이제는 값이 나가더라도 미국산 제품을 팔겠단다.

월마트는 미국 전역에서 제조업자들을 불러 모아 '미국 제조업 서밋(U.S. Manufacturing Summit)'도 개최했다. 월마트는 이러한 노력으로 납품업체 40여 곳이 중국, 베트남 등지에서 미국으로 되돌아왔다고 밝혔다. 미국 아이들이면 누구나 알 만한 집짓기 장난감 공장도 중국의 낮은 인건비를 포기하고 60년 만에 미국 메인 주의 작은 마을 버넘으로 생산기지를 옮겨왔다.

미국 제조업 붕괴의 주범으로 꼽히던 월마트가 이제 와서 미국 제조업을 다시 일으키겠다니, 이런 이율배반적인 행보를 보이는 이유가 무엇일까?

이러한 변화는 월마트만의 이야기가 아니다. GE, 포드, 애플 등 누구나 다 아는 미국의 대표 기업들이 미국 땅에 다시 공장을 짓고 있다. 100개 이상의 기업이 미국으로 돌아왔고, 해외공장을 미국으로 옮겨오는 리쇼어링(Reshoring) 기업은 점점 더 늘어나고 있다.

이 기업들이 자국으로 돌아오는 이유는 인건비나 운송비 등의 경제적인 이유도 있지만, 더 중요한 이유는 일자리 창출 때문이다. 비용을 줄여 수익을 극대화하는 것을 지상가치로 삼는 기업들이 다른 이유도 아닌 일자리 창출을 위해 경제적 이익을 뒤로 미루다니, 왜 이런 선택을 하는 것일까? 한 가지 분명한 점은 일자리 창출이 기업에 도움이 되기 때문이라는 것이다.

일자리가 기업에, 나아가 개인과 사회에 어떤 영향을 끼치는지, 경제적으로는 어떤 상관관계가 있는지 좀 더 면밀히 들여다보자.


## 일자리 문제가 불러온 분노,
## 볼티모어 폭동

―――――

2015년 4월 미국 동부 메릴랜드 주 최대의 도시 볼티모어에서 흑인 청년 프레디 그레이가 경찰의 과잉 진압으로 숨지는 사건이 일어났다. 인종차별과 무자비한 공권력에 반발하는 시위가 일어났지만 처음에는 평화적인 분위기였다. 그러나 점차 방화와 약탈, 폭력이 이어지면서 전쟁터 같은 아수라장이 펼쳐졌고, 대규모 군 병력이 배치되면서 비상사태가 선포되고 말았다.

볼티모어 주민들은 폭동의 원인이 인종 문제뿐만이 아니었다고 말했다. 볼티모어 대학과 볼티모어 지역 일간지가 함께 벌인 여론조사에 따르면, 주민들은 폭동이 일어난 가장 큰 원인으로 일자리 부족을 꼽았다.

볼티모어의 실업률은 미국 평균을 웃도는 심각한 수준인 데다, 특히 흑인들이 거주하는 샌드타운은 2명 중 1명이 일자리를 구하지 못하는 상황이었다. 말하자면 그레이의 사망 사건이 터지기 직전의 화약고에 불을 붙인 격이었다.

볼티모어는 한때 미국 동부를 대표하는 항구도시로 철강 산업을 중심으로 한 다양한 제조업이 지역 경제를 떠받쳤지만, 1970년대부터 미국 제조업이 쇠락하면서 볼티모어에서도 10만 개 이상의 일자리가 사라졌다. 공장 대부분이 해외로 이전했고, 볼티모어는 녹이 슨 도시로 전락했다. 볼티모어의 젊은이들은 일자리를 달라고 외쳤지만 그들의 절실함은 오랫동안 외면받았다. 어쩌면 폭동은 예견된 일이었는지도 모른다.

한 통계에 따르면, 미국에서 실업률이 1포인트 상승하면 자살이 9920건, 살인이 650건, 심장병 사망이 500건, 강도·강간이 3300건 늘어난다고 한다. 일자리가 없다는 건 한 개인이 잘살고 못사는 문제가 아니라, 한 사회가 유지될 수 있느냐 없느냐가 걸린 중대한 사회적 문제인 것이다.


## '내 꿈은 정규직'이 대변하는
## 잔혹한 현실

—

게다가 실업은 능력이 없거나 가난하거나 나이가 많거나 차별받는 인종이나 민족만이 겪는 특수한 일이 아니다. 2014년 갤럽 조사에서 미국인들에게 가장 큰 고민거리가 무엇인지 물어봤을 때 인권, 안보, 환경과 같은 중요한 이슈를 모두 제치고 일자리가 가장 많은 대답을 차지했다.

선진국들이 모여 있는 유럽도 일자리 문제로 몸살을 앓고 있기는 마찬가지다. 2016년 1월 유로 지역 청년실업률이 평균 22.0퍼센트를 기록했는데 프랑스는 27.3퍼센트, 스페인은 무려 44.7퍼센트에 달했다.

한국의 사정도 다르지 않다. 오죽 취업이 어렵고 정규직 일자리를 구하기가 힘들었으면 '내 꿈은 정규직'이라는 모바일 게임까지 나왔을까? 2016년 2월 통계청 발표에 따르면 청년실업률이 12.5퍼센트를 기록했는데, 이는 1999년 통계기준 변경 이후 사상 최악의 수준이다. 여기에 취업하기를 아예 포기해 구직활동도 하지 않고 교육도 직업 훈련도 안 받는 '니트'족이나 비자발적 비정규직 등을 포함하면 청년 실질실업률은 두 배 이상 늘어난다.

최근 20년간 우리나라 일자리 시장을 살펴보면, 양질의 노동력은 점점 늘어나는데 양질의 일자리는 거의 제자리걸음이라는 것을 확인할 수 있다. 그리고 그 격차는 점점 벌어지고 있다. 다시 말해 '고(高)스펙' 구직자는 넘쳐나는데, 이들이 갈 만한 안정적인 정규직 일자리는 턱없이 부족하다. 고용시장에 진입하지 못해 일할 기회 자체를 구조적으로 박탈당하는 사람이 점점 더 늘어나고 있는 것이다.

지금 한국인들이 느끼는 경제적 행복감은 역대 최저치를 기록하고 있다. 그리고 행복하지 않은 가장 큰 이유는 일자리 불안 때문이다.

# IT산업은 일자리 창출의
## 새로운 희망이 될 수 있는가

—

이 문제를 해결하는 길은 좋은 일자리를 더 많이 만들어내는 것뿐이다. 어떤 방법이 있을까? 기계가 인간의 일자리를 대체하는 상황에서 과연 대안은 있을까? 첨단기술과 엄청난 자본이 모여드는 미래의 먹거리인 IT산업이 일자리 문제를 해결할 대안이 될 수 있지 않을까?

실제로 미국 캘리포니아 남단, IT산업의 메카로 불리는 실리콘밸리에는 창업하려는 젊은이들이 전 세계에서 몰려들고 있다. 이곳 스타트업(초기 벤처기업) 투자 육성기관에서 교육을 받으려면 수백 대 1의 경쟁률을 뚫어야 한다.

이미 엄청난 성공을 거둔 기업들도 있다. 차량 공유 서비스인 '우버(Uber)'가 대표적이다. 모바일 기술로 기존의 택시 시장 자체를 변화시키고 있는 우버는 단 두 명이서 시작해 창립 4년 만에 37개국 140여 개 도시로 진출하면서 자산 3조 3000억 원, 기업가치 54조 5000억 원의 기업이 되었다. 남는 방을 다른 사람에게 빌려준다는 아이디어에서 시작한 '에어비엔비(Airbnb)' 역시 2015년까지 총 7000만 명이 이용하며 20조 원의 기업가치를 기록했다.

지난 10년 사이 1조 원 이상의 기업가치를 이룬 신생기업의 40퍼센트가 실리콘밸리에서 나왔으며, 2014년에는 이곳에서만 23명의 억만장자가 탄생했다. 21세기 부는 확실히 IT산업으로 이동하고 있다. 그것도 아주 빠른 속도로 말이다. 그렇다면 IT산업이 새롭게 만들어내는 일자리도 그만큼 많을까?

실리콘밸리의 '리얼티쉐어(Realty Shares)'는 모바일로도 부동산에 쉽게 투자할 수 있는 혁신적 기술을 개발한 기업이다. 창업 2년째 가입자 수가 10만 명을 넘으면서 기업가치가 1400억 원으로 뛰었다. 현재 리얼티쉐어에는 스무 명 정도의 직원이 일하고 있는데, 이 정도면 실리콘밸리에서 직원 수가 꽤 많은 편이다. 실리콘밸리 기업의 80퍼센트 이상은 직원이 아예 없다. 10명 이하는 95퍼센트, 500명 이상인 기업은 0.16퍼센트에 불과하다. 어떻게 이런 일이 가능할까?

우버는 차량 공유 서비스를 제공하지만 정작 차는 한 대도 없다. 하지만 우버의 기업가치는 현대자동차와 맞먹는다. 연간 500만 대의 차를 판매하고 15만 명의 직원을 둔 현대자동차를 차 한 대 없는 우버가 따라잡은 것이다. 에어비엔비 역시 호텔 한 채 없이 세계적인 숙박업체가 되었다.

이것이 IT산업의 특징이다. 혁신적인 아이디어와 뛰어난 기술력만 있으면 얼마든지 세계적인 기업이 될 수 있고 엄청난 수익을 낼 수도 있다. 많은 인력과 자본은 이 분야에서 필수불가결한 조건이 되지 못한다.

게다가 IT산업은 전통산업을 대체하기까지 한다. 디지털 카메라와 스마트폰의 보급으로 사람들이 더 이상 필름 카메라를 쓰지 않으면서, 1880년부터 130여 년간 필름의 대명사로 불려 왔던 코닥이 2012년 법원에 파산 보호를 신청했다.

코닥필름의 몰락에 쐐기라도 박듯 운명의 장난처럼 같은 해에 사진 공유 네트워크서비스 '인스타그램'이 1조 원이라는 엄청난 돈을 받고 페이스북에 인수되는 일이 벌어졌다. 당시 인스타그램의 직원 수는 단 13명이었다. 코닥의 전성기 때 14만 명이 넘는 직원이 있었으니, 무려 만 배가 넘는 차이다.

이와 같이 IT산업은 새로운 부가가치를 창출하고 간접적으로 일자리를 만들어낸다. 하지만 회사의 성장세만큼 충분한 일자리를 만들어내지 못할뿐더러 기존 산업의 일자리마저 심각하게 위협한다.

미국에서는 2008년 이후 제2의 벤처 붐이라는 말이 있을 정도로 IT산업이 급속하게 성장했지만, 미국의 일자리 문제를 해결하지는 못했다. 치열한 경쟁에서 이긴 몇 사람만이 바늘구멍을 통과한 낙타가 될 수 있을 뿐이다.


## '부의 낙수효과는 없다' 그렇다면 대안은?

—

IT산업이 일자리 성장을 견인하지 못한다면, '파이 키우기'에 더 많은 노력을 쏟는 건 어떨까? 대기업을 키우면 자연스럽게 국가 경기가 부양되어 중소기업과 저소득층에게도 혜택이 돌아간다는 일명 '낙수효과(Trickle-down Effect)' 논리는 기존 주류 경제학의 담론이기도 하다. 대기업을 지원하고 세금을 감면하고 규제를 완화해야 기업이 마음껏 성장해서 경

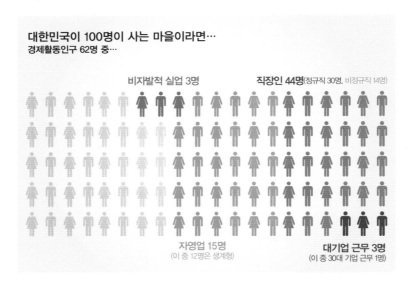

제를 이끌고 일자리도 더 많이 생긴다는 말은 언론에서도 쉽게 들을 수 있다. 하지만 이 논리가 허상이라는 것이 우리 사회에서도 조금씩 공감대를 얻어가고 있다.

먼저 우리나라의 일자리 구조부터 파악해보자. 노동 가능한 15세 이상 인구를 기준으로 삼아 한국의 일자리 구조를 100명이 사는 마을이라고 가정하면, 이 가운데 경제활동인구는 62명이다. 이 중 3명은 일할 의사가 있지만 일자리가 없어 실업상태에 놓인 사람이다. 15명은 자영업을 하고 있는데, 3명을 제외한 나머지 12명은 영세한 생계형 자영업자다. 회사에 고용되어 월급을 받는 사람은 모두 44명이다. 30명은 정규직이고, 14명은 비정규직이다. 비정규직은 정규직 월급의 절반 정도를 받고 있다.

이 가운데 흔히 말하는 대기업에 다니는 사람은 몇 명이나 될까? 500대 상장기업을 기준으로 하면 단 3명, 최정상 30대 기업에 다니는 사람은 100명 중 단 1명에 불과하다. 우리나라에서 주요 대기업의 정규직으로 일하는 사람은 1퍼센트밖에 되지 않는다는 말이다.

이처럼 우리나라의 일자리 구조는 소수의 대기업과 다수의 영세 자영업자, 비정규직, 중소기업 근로자로 구성되어 있고, 일자리의 80퍼센트 이상이 중소기업에서 만들어지고 있다. 그런데도 우리나라의 경제는 대기업에 의해 좌우되고 있고, 정책도 대기업에 유리한 것들이 대부분이다.

2015년 6월 IMF에서 눈길을 끄는 보고서가 하나 나왔다. '부의 낙수효과는 없다'는 내용이었다. IMF는 보고서에서 150여 개국의 사례를 분석한 결과, 상위 20퍼센트의 소득이 늘어났을 때는 오히려 경제성장률이 떨어졌고 하위 20퍼센트 소득이 늘어났을 때 경제성장률이 올라갔다고 밝혔다. 신자유주의의 본산이라 할 수 있는 IMF가 낙수효과를 정면으로 반박한 것이다. 이에 앞서 OECD 역시 2014년 보고서를 통해 경제를 성장시키려면 낙수효과의 환상에서 벗어나 양극화를 해소해야 한다고 주장했다. 이처럼 자본주의 주류 경제학에서조차 변화해야 살아남을 수 있다는 목소리가 터져 나오고 있다.

그동안 우리는 대기업이 잘되기를 응원하고 지원해왔지만, 오히려 그

것이 일자리 생태계를 허약하게 만들고 노동시장 전반에 풍전등화의 위기를 가져오고 말았다. 우리나라 대기업들은 중소기업과 노동자와 함께 상생하기보다 승자독식하는 구조로 커오면서 주변을 사막화시켰다.

한때 대한민국 수출 1번지로 불렸던 경상북도 구미는 수출 위주, 대기업 중심의 경제성장으로 호황기를 누린 도시다. 그러나 최근 실업자가 가파르게 증가하고 있다. 대기업의 제품 정책이 바뀌면서 일거리가 떨어졌기 때문이다.

일례로 최근 출시된 스마트폰이 메탈 바디, 즉 일체형 커버로 바뀌면서 핸드폰 금형 기술이 필요 없어졌고, 금형 기술자의 일자리가 사라졌다. 대기업의 작은 결정으로 인해 구미 지역 250여 개 업체 중 50여 곳이 문 닫을 위기에 처했다. 이런 변화는 언제나 있을 수밖에 없다. 하지만 대기업에 대한 의존도가 절대적이다 보니, 대기업 하나가 수많은 중소기업의 생사를 좌지우지하는 것이다.

최근 들어 대기업은 투자를 줄이고, 고용도 줄이고 있다. 그렇다면 대기업을 중심으로 파이를 키우는 것으로는 새로운 일자리를 만들지 못하는 것은 물론 현재의 취약한 일자리 구조조차 유지할 수 없다.


## 미국 소비자들의 이유 있는 선택

—

다시 월마트의 이야기로 돌아가 보자. 이들이 승승장구의 기세로 성장할수록 미국에서는 공장이 사라지면서 실업률이 높아지고 소득이 감소했다. 값싼 물건을 추구하면 할수록 일자리가 사라지는 악순환이 심화되었다.

그런데 기업이 아무리 이윤을 남긴다 하더라도, 일자리를 구하지 못한 사람이 늘어날수록 기업의 물건을 사줄 소비자도 함께 사라질 수밖에 없다. 결국 월마트는 자신들의 소비자를 지키고 기업의 장기적인 성장을 위해 일자리에 투자할 수밖에 없었다. 월마트가 일자리 만들기에 나선 것은, 기업 혼자서는 살아남을 수 없는 현실에 직면했기 때문이다.

이처럼 일자리를 만들지 않는 기업은 살아남을 수 없다는 절박한 깨달음이 기업들을 변화시키고 있다. 그리고 이런 기업의 변화에 소비자들의 변화가 더해지고 있다.

스티브 잡스, 오바마 대통령 등 미국의 유명 인사들이 즐겨 신었던 것으로 유명한 운동화 브랜드 '뉴발란스'의 판매 전략은 시사하는 바가 크다. 뉴욕 맨해튼의 뉴발란스 매장에서는 아주 독특한 광경을 목격할 수 있다. 매장 한쪽의 쇼윈도룸에서 직원이 직접 손으로 신발을 만드는 과정을 가까이서 지켜볼 수 있도록 한 것이다. 고객들은 운동화 제작 과정을 지켜봄으로써 자신이 지불하는 운동화의 가격 속에 한 사람의 노동이 담겨 있고, 한 사람의 일자리가 달려 있음을 깨닫는다.

뉴발란스는 운동화의 70퍼센트를 미국에서 생산한다. 운동화에 'Made in USA'를 크게 새겨 넣을 정도로 자국 내 생산을 중요한 브랜드 가치로 만들어가고 있다. 미국 사람들은 보통 무언가를 구입할 때 당

뉴발란스의 고객들은 노동자가 직접 운동화를 만드는 과정을 지켜봄으로써 자신이 지불하는 운동화의 가격 속에 한 사람의 노동과 한 사람의 일자리가 담겨 있음을 깨닫는다.

연히 인건비가 비싼 미국에서 만든 것이 아니라고 생각한다. 하지만 뉴 발란스의 고객들은 '메이드 인 유에스에이(Made in USA)' 제품을 구입하면 서 자국민에게 일자리를 제공하는 소비를 한다는 것에 큰 의미를 둔다. 일자리를 다시 미국으로 돌아오게 만들기 위해 더 높은 가격을 지불할 의향이 있다는 것이다. 이런 성원에 힘입어 뉴발란스의 매출액은 꾸준 한 상승세를 보이고 있다. 특히 최근 4년 사이 매출이 10억 달러가 늘어 날 정도로 급성장했다.

이런 움직임은 뉴발란스에만 국한된 것이 아니다. 미국은 중국, 프랑 스, 독일을 제치고 자국 생산품 선호도에서 1위를 기록했다. 무려 80퍼 센트의 미국인이 자국 생산품을 선호한다고 답한 것이다. 미국인들에 게 자국 생산품을 선택하는 이유를 물었더니 90퍼센트의 사람들이 미 국 내 일자리를 만들기 때문이라고 답했다.

물론 미국의 'Buy America' 흐름을 보호무역주의의 강화로 보아 비판할 수도 있다. 하지만 이러한 흐름에서 놓치지 말아야 할 것은, 실용적이고 합리적인 소비를 하는 미국인들이 합리성을 포기하고 일자리를 지키는 공존의 가치에 공감하고 움직이기 시작했다는 점이다. 이 공감의 힘은 미국 사회에 크고 작은 변화를 만들어내고 있다.

## 도시에 공장이 되돌아오는
## 역주행이 일어나고 있다

—

뉴욕은 금융과 소비산업의 중심지다. 앞으로만 달려나갈 것 같은 이 도시에 일종의 역주행이 일어나고 있다. 맨해튼 인근의 브루클린에는 수많은 봉제공장이 있다. 이곳에서 미국 의류의 95퍼센트를 생산하던 때가 있었다. 하지만 1990년대 초반부터 중국, 인도, 남미 등 인건비가 저렴한 해외로 일감을 빼앗기고 설상가상으로 임대료까지 올라 영세 봉제공장들이 문을 닫고, 브루클린의 의류 생산율은 3퍼센트로 떨어졌다.

이는 패션의 중심지 뉴욕의 명성에도 타격을 가했다. 디자이너는 살아남았지만 기동력이 현저히 떨어져 공급자, 판매자 등 패션 산업 전체가 붕괴했기 때문이다.

이에 뉴욕 시는 패션·봉제 산업을 되살리고자 11만 제곱미터(약 3만 평)

봉제 노동자와 디자이너 등이 모여 의류 생산의 모든 공정을 함께하는 '매뉴팩처 뉴욕'. 이곳은 공장이라기보다는 공동체에 가깝다.

에 달하는 센터를 브루클린에 구축했다. 독립 디자이너와 봉제기술 제조업자들이 협업해 디자인 개발부터 제품 생산, 품질 관리까지 한 번에 이뤄질 수 있도록 만든 도시 제조업 센터다.

이곳에 자리한 '매뉴팩처 뉴욕(Manufacture New York)'은 봉제 노동자와 디자이너 등이 모여 의류 생산의 모든 공정을 함께하는 사회적 기업으로, 2012년 설립되었다. 이 기업의 대표 밥 블랜드는 협업을 통해 디자인 개발부터 제품 생산까지 걸리는 기간을 8주로 단축함으로써 해외의 낮은 인건비에 맞서 경쟁력을 갖출 수 있었다고 말했다. 패션의 모든 과정이 한곳에서 이뤄지면서 협력의 시너지를 높일 수 있게 된 것이다. 이곳은 공장이라기보다는 공동체에 가깝다.

뉴욕 시도 체계적인 교육 프로그램을 실시하고 신생 업체에 금융을 지원하는 등 꾸준한 지원 정책을 펴고 있다. 그 결과 40개가 넘는 '메이드 인 뉴욕(Made in New York)' 브랜드가 탄생했다. 뉴욕 시의 지원으로 브루클린이 만들어낸 일자리는 뉴욕 시 전체의 16.4퍼센트로 맨해튼의 세 배나 된다.

## '코닥의 도시' 로체스터가
## 코닥의 몰락 뒤에도 번성할 수 있었던 이유

—

공존의 법칙을 가동함으로써 성공한 도시가 또 있다. 그곳은 다름 아닌 코닥의 도시 로체스터다. 앞서 언급했듯이 코닥은 시대를 읽지 못한 비운으로 디지털 기술에 밀려 파산 직전까지 몰리고 말았다. 코닥이 무너질 때 사람들은 포드가 떠난 후 자동차 산업의 중심지였던 디트로이트가 몰락한 것처럼, 로체스터도 제2의 디트로이트가 될 것이라고 우려했다. 로체스터 주민 다섯 명 가운데 한 명이 코닥 직원일 정도로 로체스터에서 코닥의 영향력은 막강했다. 사람들은 코닥 없는 로체스터를 상상할 수 없었고, 코닥의 위기를 로체스터의 위기라고 생각했다.

그런데 코닥이 몰락한 지금, 로체스터의 심장부에 위치한 '코닥 파크'의 옛 생산시설은 여전히 활발히 가동되고 있다. 외관만 보면 파산보호 신청 전과 다를 바 없이 엄청난 규모를 자랑한다. 차를 타고 가야만 100여 개의 시설을 모두 둘러볼 수 있을 만큼 크다. 코닥 파크는 자체 전력소와 용수 공급로 등의 기반 시설을 갖추고 있을 정도로 산업 전반에 활용될 수 있는 거대 산업단지다.

과거와 달라진 점이 있다면 이곳이 더 이상 코닥만을 위한 생산기지가 아니라는 점이다. 파산보호 신청 후 코닥은 사업을 영화 필름 분야로 축소하면서 코닥 파크를 일반에 개방했다. 지금 코닥 파크에는 60여 개의 중소기업이 입주해 있다. 코닥은 입주 기업들에게 생산시설을 물려주고, 독점하던 코닥의 원천기술도 공유했다. 재료, 화학 등 코닥에게 기술을 배운 신생기업들은 이 기술을 응용해 새로운 제품과 서비스를 개발해냈다.

자본이 없는 신생기업들에게 코닥 파크는 더없이 매력적인 장소다. 즉석카메라를 만들던 공장에서는 카메라 생산시설을 이용해 각종 파스타 소스를 만든다. 필름을 제조할 때 필요한 전기, 스팀, 뜨거운 물, 압축 공기 등은 식품을 제조할 때도 필요한 것들이다. 코닥 파크 안에 있던 이런 기반 시설들은 이제 토마토, 알프레도, 살사 소스 등을 만드는 데 사용된다. 그 밖에도 엔지니어링, 건설, 식품, 의류, 서비스 회사들이 생겨났다. 이 회사들은 코닥에서 일자리를 잃은 직원들을 우선 채용했다. 업종은 바뀌었지만 과거의 코닥 직원들과 로체스터의 시민들은 이곳에서 여전히 일하고 있다.

주 정부에서도 새로운 일자리가 만들어지고 코닥 파크가 유지되도록 4500만 달러를 투자했다. 로체스터 대학과 시민들도 힘을 모았다. 그 결과 코닥 파크는 사라지지 않고 '이스트먼 비즈니스 파크(Eastman Business Park)'로 남아 로체스터의 새로운 성장 동력이 되고 있다.

코닥은 몰락했지만 코닥 파크는 사라지지 않고 이스트먼 비즈니스 파크로 남아 로체스터의 새로운 성장 동력이 되고 있다.

과거 평균 6만 명이던 코닥 직원은 현재 7000명으로 줄었지만, 로체스터에는 이스트먼 비즈니스 파크를 포함해 9만 개의 새로운 일자리가 생겨났다. 로체스터에서 현재 대기업 고용은 예전의 10분의 1인 6퍼센트에 불과하지만, 대신 나머지 94퍼센트를 중소기업들이 채우고 있다. 그 결과 로체스터는 2015년 미국에서 가장 일자리 구하기 좋은 도시 1위에 올랐다.

로체스터가 위기를 극복할 수 있었던 것은 공존의 가치를 실천했기 때문이다. 로체스터는 대기업에 의존했던 취약한 일자리 구조를 무너뜨리고 다양성이 살아 숨 쉬는 새로운 생태계를 세워가고 있으며, 그 생태계는 훨씬 더 건강하고 안정적인 일자리를 만들어내고 있다.

그런 의미에서 중소기업이 90퍼센트가 넘는 독일의 경우는 시사하는 바가 크다. 생산성과 효율성 면에서 세계 1위를 달리는 독일은 2008년 과 2011년 세계를 강타한 경제위기에도 크게 타격을 입지 않았고, 유럽에서 가장 낮은 청년실업률을 기록 중이다. 대기업 한둘이 아닌 수많은 중소기업이 경제를 떠받치고 있기 때문이다.

독일 정부는 중소기업을 다방면으로 지원하고, 직업교육을 통해 체계적으로 기능공을 양성한다. 사람들은 수십 년씩 때로는 대를 이어 한 직장에 다니며 회사에 대한 자부심이 대단하다. 대기업과 협력업체는 동등한 파트너십 관계이며, 직원 대우도 비슷한 수준을 유지한다. 승자 독식 대신 공생의 가치를 택하면서 독일은 진정한 경제 강국이 될 수 있었다.

## 인간의 진화는 공존을 통해 가능했다

—

지금까지 살펴본 것처럼 일자리는 새로운 IT산업이나 일부 대기업에 의존할 수 있는 것이 아니라 모든 경제 주체들이 공존과 협력의 가치를 선택할 때 생겨난다. 그렇다면 대한민국의 상황은 어떨까? 우리에게서도 희망의 징후를 발견할 수 있을까?

SK하이닉스는 2015년 노사 협력을 바탕으로 임금 인상의 일정액을 협력업체 직원들의 임금 인상, 처우 개선과 안전·보건 환경 개선에 지원하는 '임금 공유제'를 시행한 바 있다. SK하이닉스의 직원들이 임금 인상분의 10퍼센트를 내고 회사가 똑같이 10퍼센트를 추가로 지급해, 임금 인상분의 20퍼센트를 협력업체에 지원하기로 합의한 국내 최초의 사례다. 이로써 협력업체 직원 4000여 명이 혜택을 받을 수 있었다. '하청 쥐어짜기'로 대기업만의 이익을 추구하는 행태가 당연시되는 한국에서, 대기업 노사가 함께 마음을 모아 협력업체와의 상생을 추구했다는 점이 의미가 깊다.

지난 2012년 대선 과정에서 여야 후보를 막론하고 외쳤던 '경제 민주화' 역시 공생의 가치를 요구하는 사회적 바람이 반영된 것이다. 그동안 경기 활성화를 위해 기업 법인세를 낮추는 등 대기업을 위한 정책을 써왔지만, 이는 투자와 고용으로 이어지지 않았다. 그사이 10대 재벌의 사내유보금은 2008년 20조 8000억 원에서 2015년 612조 원으로, 무려 30배 이상 증가했다. 대기업 위주의 경제 생태계가 더 이상 지속 가능하지 않다는 사실은 점점 더 많은 사람들의 공감을 얻고 있다. 일부에서는 대기업의 사내유보금에 세금을 물려 고용을 유도하자거나, 초과이익을 협력업체와 공유하도록 하자는 주장도 나온다. 대기업과 중소기업, 정규직과 비정규직의 격차를 극복하고 질 낮은 일자리를 '양질의 일자리'로 바꾸는 것이 코앞에 다가온 일자리 전쟁의 대안이 될 수 있다.

인류는 오랫동안 공존과 협력의 가치를 바탕으로 삶을 발전시켜왔다. 인류 역사에 비추어 볼 때, 오늘날과 같은 물질적 풍요와 경쟁적 성장을 누린 기간은 얼마 되지 않는다. 600만 년이라는 인류 진화의 역사를 1년 365일로 환산하면 산업혁명은 12월 31일 밤 11시 40분에 일어났다. 바꿔 말하면, 인류가 성장이 가져다준 풍요에 취해 있었던 것은 20분이라는 짧은 시간에 불과하다.

흔히 찰스 다윈 하면 약육강식과 적자생존을 머릿속에 떠올리지만, 그를 사로잡았던 또 다른 중요한 화두는 이 자연계에 왜 경쟁만큼이나 협력이 가득할까 하는 것이었다. 다윈은 공동체 전체의 이익 때문에 협력이 진화할 수 있다고 생각했다.

이제 다윈의 또 다른 목소리를 경청해야 할 때다. 진화론적으로도 혼자서 살아남은 개체는 지구상에 존재하지 않는다. 단기적으로는 승자독식이 이득일 수 있지만, 장기적으로 볼 때 공생과 협력이 더 큰 파이를 나눠 갖게 한다. 암사자는 혼자 사냥해도 충분히 먹고 살 수 있지만, 무리와 같이 사냥하고 먹이를 나눈다. 그것이 모두에게 이득이 되기 때문이다.

특히 인간은 바로 그 '공존의 진화'의 증거다. 인간이 다른 개체와 달리 엄청난 문명을 이룰 수 있었던 것은 공존하고 협력하는 능력을 가지고 있었기 때문이다. 인류의 지난 역사를 보아도 그렇다. 독재와 독식의 시대가 번영을 가져다준 적은 한 번도 없었다. 혹여 그런 방향으로 역사가 진행되더라도 인간은 다시금 협력의 시대를 만듦으로써 위기를 돌파해왔다. 인간이 만들어낸 자본주의 역시 그렇다. 자본주의는 스스로를 끊임없이 진화시킴으로써 자신의 위기를 극복해왔다. 그리고 이제 자본주의는 또 다른 생태계로 진화할 때가 되었다.

# 중산층 일자리가 사라진다

이윤정 PD

우리가 익히 알고 있는 영국의 경제학자 케인스는 1930년대 〈우리 손자 세대의 경제적 가능성〉이라는 글에서 "선진국의 생산성은 네 배에서 여덟 배 이상 늘어날 것이며, 그래서 손자세대들은 주당 15시간의 노동을 하게 되는 날이 올 것"이라고 예견했다. 그리고 남는 시간을 여가로 보내면서 풍요롭고 선한 삶을 살 수 있을 것이라는 희망의 메시지를 남겼다. 세계를 덮은 대공황의 혼란 속에서도 미래의 발전 가능성을 믿었던 그의 의지가 놀랍다.

실제로 인류는 성장을 지속해왔고 생산성은 엄청난 수준으로 향상되었다. 그러나 아주 중요한 대목에서 케인스의 예견은 틀리고 말았다. 그의 손자 세대, 지금의 청년세대들은 일이 적어 풍요로운 것이 아니라, 일할 수 없어 고통받고 있다. 적은 노동으로 충분한 재화를 생산해낼 수 있는 시대를 살게 되었지만, 노동으로부터의 해방은 축복이 아닌 거대한 재앙이 되었다. 이런 역설 앞에서 지금 우리는 어떤 답을 준비하고 있는가? 그 해답은 정말 충분한 것인가? 이 물음은 너무 크고 버거운 주제였다. 케인스처럼 미래에 대한 막연한 희망을 논하기에는 이미 일자리 위기는 구체적인 모습으로 우리 앞에 다가오고 있다.

과거 러다이트 운동이 방직기계를 멈추지 못한 것처럼, 기술 발전이 일자리를 대체하는 시대 흐름은 불가역적이다. 세계 곳곳에서 어제 해내지 못했던 기술적 진보들을 바로 오늘 해내고 있으며, 인류가 지금 하루에 쌓는 지식의 양이 지난 2000년간의 지식량 총합과 맞먹는다고 하니 그 속도를 가늠할 수 없을 지경이다.

이런 가운데 효율성을 추구하는 산업의 영역에서 인간 노동을 기술로 대체하는 것은 당연한 현상일 것이다. 한 인공지능 학자는 '사람이 만든 제품(Made by Human)'을 생산하는 기업에게 파격적인 세제 해택을 주자는 주장을 펼치기도 한다. 기업들이 임금 인상을 요구하거나 쟁의를 일으키는 인간 대신 업무 처리가 정확하며 관리하기 쉬운 로봇을 선택하고자 한다면, 그것을 강제로 막을 방법이 도저히 없기 때문이다.

이런 도도한 시대의 흐름 때문에 많은 이들이 일자리 전쟁의 대안으로 '교육'을 꼽고 있다. 로봇이나 인공지능이 넘보지 못할 새로운 영역에서 인간의 능력을 계발하고 경쟁력을 키우자는 것이다. 낡은 교육을 바꿔야 한다는 것은 수차례 강조해도 지나치지 않다. 근대로부터 이어진 오늘날의 교육 시스템은 평균적인 능력을 갖춘 노동자를 대량으로 생산하는 데 알맞도록 설계되어 있다. 같은 교실에서 똑같은 내용을 배우고, 몰개인화된 평가를 통해 능력을 측정하는 방식으로 말이다. 미래는 그런 아이들을 위한 일자리를 남겨놓지 않을 가능성이 크다.

그러나 과연 교육을 통해서 모든 사람들이 '새로운 미래 직업에 진입할 기회를 고르게 가질 수 있는가?' 하는 문제는 또 다른 고민거리였다. 이런 의문이 더욱 본격화된 것은 바로 미국 실리콘밸리를 취재하면서부터다.

실리콘밸리에는 매년 전 세계의 수많은 인재들이 몰려온다. 적어도 내가 만나본 대다수는 모국의 유명 대학을 졸업했거나 구글 등의 세계적인 기업에서 근무한 경험이 있는 소위 '상위권' 청년들이었다. 그들은 프로그래머이거나 적어도 그 분야의 사업을 구상할 수 있는 특정 능력을 갖추고 있었다. 그런 그들조차도 창업에 성공하는 경우는 겨우 3퍼센트에 불과하다. 즉 나머지 97퍼센트는 실패한다는 것이다. 물론 우호적인 창업 환경과 끈끈한 네트워크 덕분에 제2, 제3의 기회를 얻기도 하지만 그것 역시 소수에게 주어지는 기회일 뿐이다.

실리콘밸리에 관한 흥미로운 단편 다큐멘터리가 있다. 〈호텔 22〉라는 제목의 이 다큐멘터리는 미래 일자리의 본산으로 여겨지는 실리콘밸리의 명과 암을 가감 없이 보여준다. 24시간 운행하는 실리콘밸리의 22번 버스에는 언젠가부터 지역의 높은 집값과 생활비를 감당하지 못한 이들이 몰려들고 있다. 밤새 흔들리는 버스 안에서 쪽잠을 자는 이들로 가득한 22번 버스는 아침 해가 밝으면 하이테크 기업들로 출근하는 엘리트 젊은이들로 새로 채워진다. 낮과 밤의 극명한 대비 속에서 우리는 어떻게 세계가 이분화될 것인지에 대한 불안한 기운을 느끼게 된다. 우리는 이 다큐멘터리를 촬영한 엘리자베스 로 감독을 직접 만나 인터뷰했다.

그녀는 "노숙버스를 타는 대부분의 사람들은 인생의 어느 시점에서 실직한 뒤 다시 복귀하지 못한 이들입니다. 첨단기술 붐이 일어난 이후 뒤처지거나 거기에 흡수될 능력이 없는 사람들이죠"라고 설명했다. 그녀 역시 실리콘밸리에서 일어나는 일자리 양극화 문제를 심각하게 여기고 있었다. "첨단 IT기업들이 일자리를 새로 만들기는 하지만, 이는 특정 교육 수준을 갖춘 집단을 위한 것입니다. 교육 수준이 높지 않은 평범한 이들의 일자리에는 이 도시가 무관심한 것 같습니다."

단지 실리콘밸리만의 특별한 이야기가 아닐 것이다. 현재 사라지고 있는 그리고 앞으로 사라질 일자리 대부분은 '중산층'의 일자리가 될 것이라고 많은 전문가들이 분석하고 있다. 일자리가 사라진다는 것은 곧 중산층의 몰락을 의미한다. 또 부의 양극화가 더욱 심화될 것을 뜻한다. 기술혁신이 계속 인류를 이롭게 할 것인가를 놓고 벌였던 유명한 TED 논쟁에서 각각 찬반에 섰던 에릭 브린욜프슨 교수와 로버트 고든 교수, 그 두 사람이 유일하게 합의하는 지점이 바로 '기술의 발전이 불평등을 심화시킨다'라는 사실은 시사하는 바가 매우 크다.

우리는 '기계와의 경쟁에서 승리하는 법'을 강설할 수 없다고 느꼈다. 물론 개개인에게는 중요한 과제일 수 있지만, 우리가 더 관심을 가져야 하는 지점은 '보통의 사람'들이 일로써 삶을 유지하고 개인의 존엄을 지킬 수 있는 권리가 '보편적으로 존재'하는 미래를 설계하는 일이라 믿었기 때문이다. 그래서 비록 거창하지는 않을지라도, 현실에서 실제 일어나는 희망의 징후와 흐름을 발견하기 위해 애썼다. 이 과정에서 우리는 시대의 흐름에 저항하려는 수많은 노력들을 발견했다. 어쩌면 그것은 '역주행'이라고 부를 수 있는 기이한 현상이었다.

지금 세계는 일자리를 지키기 위한 최후의 플랜을 가동하려 하고 있다. 각국의 정부는 일자리를 만들어내는 능력을 국민에게 시험받게 될 것이다. 가까운 미래에는 국방, 외교, 정치, 환경, 문화 등 수많은 과제들을 제치고 누가 더 많은 일자리를 만들어내는지가 국가 경쟁력을 좌우하는 척도가 될 것이다. 중국의 시진핑 주석은 "성장은 오직 일자리를 위한 것"이라고 쐐기 박았고, 일본 아베 총리도 '일하기 좋은 일본 만들기'를 경제 혁신의 목표로 내걸었다. 미국 오바마 대통령이 신년연설에서 '일자리(Job)'를 무려 47번 언급한 것은 이제 너무 유명한 이야기가 되었다. 인도의 모디 총리도 취임과 동시에 '1억 일자리 만들기' 프로젝트를 시작했다. 과거의 경제성장, 부국강병의 종착지 역시 일자리로 귀결되는 시대. 일자리가 새로운 시대의 패러다임을 만들고 있는 것이다.

값싼 물건을 찾아 일자리를 중국 등의 제3세계로 수출한다는 오명을 쓰고 있던 미국 월마트의 변화, 금융의 도시 뉴욕으로 다시 되돌아오는 봉제공장은 일부 사례에 불과하다. 방송에서 모두 다루지는 못했지만 주주 이익을 극대화하기 위해 대규모 해고를 감행했던 GE가 돌연 '지속가능한 경영'을 선포하고 직원들과 협력사의 일자리 지키기에 나선 것은 결코 우연이 아니다. 스타벅스는 '일자리를 만듭시다(Create Jobs)' 캠페인을 통해 소상공인에게 창업자금을 지원하는 사업을 대대적으로 벌이기도 했다.

취재하면서 특히 놀라웠던 것은 바로 미국 시민들의 변화였다. 일자리를 만드는 기업이 누구인지 꼼꼼히 체크하고 소비를 통해 그들을 지지하는 '소비자 운동'이 광범위하게 일어나고 있었다. 시민단체들을 중심으로 기업별 일자리 창출 통계가 매달 공개되고, 많은 언론들이 이를 주요하게 보도한다. 미국 기업들이 태도를 바꾼 것은 결국 미국 소비자들의 움직임이 선행되었기에 가능한 일이었다. 뉴욕에서 만났던 매뉴팩처 뉴욕의 밥 블랜드 대표는 이런 흐름을 "단지 일자리를 되찾는 것뿐 아니라, 일의 존엄을 다시 확인하는 과정"이라고 정의했다.

생산의 투입요소이며 하나의 비용으로 쉽게 환산됐던 '노동'에 대해 이제 새로운 관점들이 생겨나고 있다. 일은 생계를 위한 수단일 뿐 아니라 개인과 사회를 잇는 장치이며, 나와 타인이 하나의 공동체로 작동하고 있다는 것을 증명하는 시스템이다.

일에 대한 새로운 관점은 그동안 효율과 수익이 최우선이라 믿어왔던 공고한 매트릭스에 작은 균열들을 내고 있다. 많은 사람들이 나의 일자리뿐 아니라 이웃의 일자리를 위해서도 다른 선택을 할 수 있음을 우리는 목도하고 있다. 이것으로 결코 거스를 수 없을 것 같은 거대한 시대의 흐름을 얼마나 바꿀 수 있을 것인지, 아직 우리는 충분한 답에 이르지 못했다. 다만 이것은 우리가 희망을 이야기할 수 있는 어떤 시작은 될 수 있을 것이다.

明見萬里

· 6장 ·

# 저성장 시대의
# 소비와 정치

—

### 명품도 싫고 싸구려도 싫다

明見萬里

똑같은 저성장 시대지만 부유층은 부유층대로,

저소득층은 저소득층대로 소비 형태를 바꾸고 있다.

똑같은 저성장 시대지만 어떤 나라는 정치를 더 믿고,

어떤 나라는 정치를 불신한다.

저성장이 과연 재앙이기만 한 걸까?

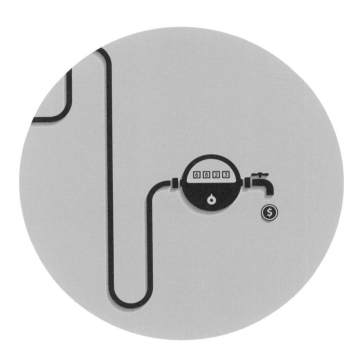

# 저성장 시대의
## 소비와 정치

> 명품도 싫고 싸구려도 싫다

## 소비 트렌드에 지각변동이 일어나고 있다

───

최근 세계 최대 체인점을 가진 맥도날드 사는 일본에서 상당수의 점포를 폐점했다. 매출이 심각하게 줄어들었기 때문이다. 세계적으로 경기 침체기였던 2011년부터는 마이너스까지 떨어졌을 정도다.

반면 한 외식업체는 저성장기에도 나날이 매출이 오르며 일본에서 돌풍을 일으키고 있다. 고급 음식을 합리적인 가격에 제공하는 전략으로 소비자들을 사로잡은 것이다. 이 이탈리안 레스토랑에서는 세계 최고 수준의 요리사들이 최상급 식재료로 만든 음식을 3000~4000엔에 맛볼 수 있다. 서서 음식을 먹는 스탠딩 테이블로 회전율을 높임으로써 가능했다. 소비자들은 편안함을 포기하는 대신 느낄 수 있는 최고의 맛에 지갑을 열기 시작했다.

흔히 경기가 어려워지면 무조건 싼 제품이 잘 팔릴 것이라 생각한다. 하지만 결과는 우리의 예상과 정반대였다. 일본 소비자들은 값싼 패스트푸드점에 발길을 끊는 대신 합리적인 가격에 건강하고 맛좋은 음식을 찾았다. 예전처럼 품질 따지지 않고 무조건 싼 것을 사는 게 아니라, 조금 비싸더라도 자신이 가치 있다고 생각하는 대상에는 아낌없이 투자하는 것이다.

이처럼 단순히 불황 때문이라고 하기는 어려운, 예전과 다른 소비 패턴이 세계 곳곳에서 눈에 띈다. 명품시장의 변화가 대표적이다. IMF나 세계 금융위기에도 끄떡없이 오히려 호황을 누리던 시장, 상위 1퍼센트를 위한 이 시장에도 변화가 감지된다.

2010년을 기점으로 두 자릿수의 폭발적 성장세를 보이던 명품시장이 최근 2년간 급격히 하락했다. 심지어 명품업체들의 캐시카우(cash cow: 고수익 사업)였던 중국 명품시장조차 마이너스 성장을 기록했다. 그런데 특이하게도 명품 소비가 줄어드는 동시에 소위 '짝퉁' 명품 소비마저 줄어들고 있다. 단지 불경기 때문이라면 짝퉁 매출은 늘었어야 한다. 짝퉁마저 사지 않는다는 것은 명품에 대한 태도가 근본적으로 달라졌다고 볼 수 있다. '명품을 갖고 싶다, 사고 싶다'는 기본적인 욕구가 줄어든 것이다.

이렇듯 부유층은 부유층대로, 저소득층은 저소득층대로 소비 형태를 바꾸고 있다. 왜 이런 일이 벌어질까? 이 구조적 변화는 무엇을 의미할까? 결론부터 말하자면, 지금 우리는 한 번도 경험해보지 못한 새로운 시대, '저성장'을 맞이하고 있기 때문이다.

과거 성장의 시대에는 값비싼 명품을 소비하면서 자기를 과시하는 것을 중요하게 여겼다. 하지만 저성장 시대에는 자기 과시보다는 가치 지향적 소비를 추구한다. 소득이 줄어드니 소비도 줄일 수밖에 없지만, 대신에 조금 더 가치 있는 일에 돈을 쓰려는 사람이 많아진 것이다. 가치 지향적 소비라는 트렌드를 만들어낸 저성장의 구조 속으로 한번 들어가보자.

## 우리는 지금 저성장이라는
## 새로운 시대 앞에 서 있다

—

2014년 시진핑 주석은 중국 경제가 '신창타이(新常態)', 즉 새로운 상태로 접어들었고, 그에 맞게 경제 시스템과 체질을 바꾸겠다고 선언했다. 이 말이 뜻하는 바는 무엇일까.

중국은 개혁개방 이후 35년간 연평균 9.8퍼센트에 달하는 고도성장을 이룩했다. 또한 서구 선진국을 대신해 세계의 공장이자 시장 역할을 톡톡히 수행해왔다. 지금도 세계 경제성장에 기여하는 비중이 2015년 기준 27.8퍼센트로 2위인 미국의 15.3퍼센트보다 압도적으로 높다. 한

마디로 중국은 세계 경제의 구세주였다.

그런데 중국이 이제 고도성장의 한계에 부딪히며 신창타이, 곧 중고도성장의 시기로 진입했다. 이 과정에서 경제위기설이 대두되었고, 이것이 세계 경제를 위기에 빠트릴 뇌관으로 지목되고 있다. 세계 경제의 구세주에서 하루아침에 위기의 진앙지로 전락한 것이다.

더욱 심각한 문제는 성장의 벽에 부딪힌 나라가 중국만이 아니라는 것이다. 2015년 4월 IMF의 '세계경제전망 보고서'에 따르면, 주요 20개국의 잠재성장률이 대부분 감소했다. 즉 세계 경제가 저성장이라는 새로운 시대로 접어들고 있다.

우리나라 또한 저성장이라는 새로운 현실을 마주하고 있다. 최근 몇 년간 경제성장률이 한 해를 제외하고는 3퍼센트에도 못 미쳤고, 10년 후 잠재성장률은 1퍼센트대다. 그리고 그 낮은 제자리걸음조차 얼마나 유지될지 장담할 수 없다.

이미 저성장의 징후는 곳곳에서 나타난다. 영세 자영업자 수가 20년 만에 최저치를 기록했을 만큼 문 닫는 가게가 속출하고 있다. 게다가 창업 뒤 폐업까지 걸리는 시간은 점점 더 짧아지고, 최근에는 폐업 비율이 창업 비율을 빠르게 앞지르는 추세다.

상황이 이렇다 보니 폐업을 전문적으로 도와주는 업체까지 생겼다. 그리고 이 업체의 전년 대비 폐업 처리 건수가 세 배 이상 증가했다. 철거 전문 업체 또한 씁쓸한 호황을 누리기는 마찬가지다. 일선 현장에서 느끼는 위기감은 1998년 IMF 사태 때나 2008년 금융위기 때보다도 크다. 그들은 입을 모아 "산전수전 다 겪었지만 지금처럼 빠르게 자영업자들이 몰락하는 사태는 처음 본다"며 위기의식을 전한다.

그런데 저성장의 위기는 단지 경제적인 문제에 그치지 않는다. 오랫동안 저성장에 시달려온 일본 국민들은 경제가 어려워지면서 소비를 줄였고, 소비가 줄어드니 사회가 활력을 잃었다. 그리고 사회가 활력을 잃으면서 젊은이들은 취업을 포기하고 나아가 결혼도 포기했다. 현재 일본 남성 5명 중 1명이 이른바 결혼을 하지 않는 비혼남이고, 이 추세대로 가면 2025년에는 그 비율이 3분의 1에 달할 것이다.

이렇듯 저성장 시대에는 경제가 먼저 변화되기 시작해 이후 정치, 사회, 문화 등 거의 모든 분야가 과거와는 전혀 다른 세계로 바뀌고 만다. 그 속에서 사람들의 생각과 가치관, 살아가는 방식도 모두 변한다.

그렇다면 저성장은 무엇이며, 우리는 왜 저성장 시대에 들어서게 되었을까. 또 우리는 이 새로운 시대에 어떻게 대응해야 하는가. 먼저 저성장 시대가 도래한 이유를 살펴보고, 그 구조를 들여다보면서 함께 해법을 찾아보자.


## 아무리 많이 만들어도 사줄 사람이 없다면?

—

자본주의 경제의 성장 과정은 오르락내리락 등락을 반복한다. 호황과 불황을 반복하면서도 전체 크기는 꾸준히 커진다. 흔히 하는 말로

'파이 자체가 커지는 것'이다. 하지만 저성장 시대에는 성장 그래프가 자잘하게 오르락내리락하는 건 여전하지만 전체 파이의 크기가 커지지 않는다.

비유하자면 불황은 사계절의 주기에서 겨울이 온 것이라고 할 수 있다. 하지만 저성장 시대는 기후 자체가 변한 것이다. 말하자면 겨울이 아니라 소빙하기가 온 것이다. 겨울이 지나면 봄이 오지만, 빙하기는 점점 얼어붙을 뿐 언제 봄이 올지 기약할 수 없다. 구체적 수치로는 선진국 기준으로 대략 1퍼센트대의 성장률일 때 저성장이라고 본다.

그렇다면 세계 경제는 왜 빙하기의 초입, 저성장의 시대로 진입하게 되었을까. 스마트폰 시장의 최강자로 떠오른 중국에서 그 질문의 단서를 찾을 수 있다.

중국 광둥성 선전시의 화창베이. 세계 최대 규모의 전자상가 스마트폰 매장에서는 매달 쏟아져 나오는 신제품들의 판매 경쟁이 치열하다. 하지만 70개가 넘는 중국 스마트폰 회사들이 출시하는 막대한 공급량을 수요가 감당하지 못하고 있다. 매년 가파르게 상승하던 스마트폰 판매량이 2015년 사상 처음으로 감소했다. 중국 스마트폰 시장이 포화 상태에 이르렀기 때문이다.

한 국제 시장조사기관은 전 세계 스마트폰 붐이 2015년을 기점으로 종말을 고할 것으로 예고했다. 황금알을 낳던 스마트폰 시장마저 수요가 폭발적 공급량에 미치지 못한 탓에 침체 조짐을 보이고 있다. 그리고 바로 이 공급과잉이 저성장 시대를 야기하는 핵심 요인 중 하나다.

고전 경제학에서는 경제성장에 필요한 요소를 노동, 자본, 기술에서 찾았다. 경제성장을 생산의 문제, 좀 더 많이 만들어내는 것으로 이해했기 때문이다. 다시 말하면, 일하는 사람(노동)의 숫자가 많아지면 더 많이 생산할 수 있고, 공장(자본)을 더 짓는다면 더 많이 만들 수 있다. 여기에 더 발전된 기술이 나타난다면 당연히 생산은 증가할 것이다.

그런데 경제학자 케인스가 한 가지 의문을 제기한다. "아무리 많이 만들면 뭐해? 사줄 사람이 없는데." 즉 경제가 성장하기 위해서는 공급을 뒷받침해줄 '수요'가 필요하다는 것이다.

세계는 지금 물건이 남아도는 상황이다. 과거에 자동차는 부의 상징이었다. 그런데 지금은 자동차 100대 중 23대가 재고로 남아 있다. 그렇다면 우리나라 주력 수출산업인 철강은 어떨까. 철강은 공급과잉이 가장 높은 산업 중 하나로, 무려 34퍼센트에 달한다. 석유화학 역시 21.2퍼센트가 공급과잉인 상황이다.

그야말로 공급이 넘쳐나는 시대라고 해도 과언이 아니다. 돌파구를 찾지 못한다면 세계 경제는 저성장의 운명을 피하기 어렵다.


## 자동차 시대와 스마트폰 시대가
## 근본적으로 다른 이유

공급과잉의 문제 외에 저성장을 야기하는 또 다른 요인으로는 인구

문제와 기술혁신의 한계가 있다. 먼저 인구문제를 살펴보자. 인구는 생산과 수요, 양 측면에서 경제성장에 아주 중요한 요소다. 왜일까? 인구가 많아야 풍부한 노동력으로 활발히 생산할 수 있고, 또 생산된 만큼 소비도 할 수 있기 때문이다. 더 많이 만들고 더 많이 써야 경제가 성장하는데, 이를 가능케 하는 것이 바로 인구다. 그런데 현재 많은 나라들이 인구 감소와 고령화 문제로 골머리를 앓고 있다.

하지만 이런 모든 문제를 해결할 수 있는 마지막 카드가 있다. 바로 기술이다. 혁신적인 기술이 등장한다면 이야기는 달라진다. 새로운 기술이 등장하면 생산량도 늘어나지만 새 기술 자체만으로도 사람들의 소비 욕구를 자극하는 효과가 있다. 스마트폰 신제품이 나오면 새벽부터 줄을 서서 기다리던 현상과 같이 말이다.

사실 과거에도 인류는 경제적 정체 상황을 여러 차례 경험했다. 그럴 때마다 위기를 극복할 수 있었던 것은 철도, 전기, 자동차처럼 놀라운 기술혁신이 계속해서 일어난 덕분이다. 그런데 이제는 기술혁신의 파급효과가 과거만큼 크지 않다.

문제는 또 있다. 기술의 발전이 산업을 더 이상 확장시키지 못한다는 것이다. 자동차와 스마트폰을 예로 들어보자. 자동차는 20세기에 인류의 삶을 가장 크게 바꿔놓은 발명품이다. 과거 말을 타고 이동했던 사람들은 자동차가 등장하면서 먼 거리를 손쉽게 이동할 수 있게 되었다. 그러자 자동차가 다닐 수 있는 도로가 건설되고, 도로를 따라 호텔이 들어섰다. 또 기름을 넣기 위해 주유소가 생겨나고, 장거리 운행이 가능해지

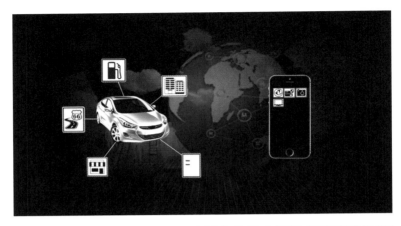

자동차 기술은 연관 산업을 확장하고 전후방으로 발전시키는 효과를 가져왔지만, 현재의 기술혁신은 오히려 기존 산업을 잠식하는 양상이다.

면서 도시 외곽에 대형마트가 생겨났다. 대형마트에서 구입한 많은 식품들을 싱싱하게 보관할 수 있는 냉장고도 개발됐다. 이렇게 자동차 기술 하나로, 다양한 기술과 산업이 파생되어 등장했다.

반대로 모두가 스마트폰을 가지게 되면서는 어떤 일이 일어났을까? MP3, 디지털 카메라, 내비게이션 등이 모두 스마트폰 안의 앱으로 바뀌었다. 스마트폰이 공장들을 빨아들인 셈이다. 분명 우리 삶은 편리해졌지만 이런 산업들은 큰 타격을 입었다.

과거 자동차와 같은 물건이 나왔을 때는 연관된 산업을 전후방으로 계속 발전시켰다. 하지만 현재의 기술혁신은 오히려 기존 산업을 잡아먹는 카니발리제이션, 제로섬(Zero-sum, 한쪽이 득을 보면 반드시 다른 한쪽이 그만큼 손해를 보는 상태) 상황이 벌어지고 있다.

결국 경제성장에 필요한 노동, 자본, 기술, 수요 모든 것이 악화되고 있다. 때문에 과거와 같은 성장을 기대하기가 쉽지 않은 것이다.

## 한국과 일본의 면세점
## 같은 산업 다른 선택

—

이런 상황에서도 우리나라는 여전히 '대기업 주도 성장'이라는 성장 시대의 논리에 갇혀 있다. 과거 고도성장을 이루던 시대에는 경쟁을 통해서 승자가 되는 것이 목표였다. 그리고 그 승자가 부의 결실을 독식하고, 나눠 주는 구조였다. 즉 대기업이 잘돼야 나라가 잘된다고 생각하던 시절이다.

그런데 더 이상 이전과 같은 낙수효과를 기대하기가 어려워졌다. 성장의 시대가 저물고 있기 때문이다. 저성장 시대에 승자독식은 오히려 양극화만 심화시킬 뿐, 사회를 지탱하기 어렵게 한다. 그러나 우리는 아직도 성장 패러다임에 머물러 있다. 그 현실을 여실히 보여주는 풍경이 있다.

2015년 7월, 서울 시내 면세점 사업권을 두고 대기업 간에 한바탕 전쟁이 벌어졌다. 이미 매출액 8조 원 이상 되는 면세점 시장은 대기업들이 꽉 쥐고 있었다. 그런데도 새로 생기는 서울 시내의 면세점조차 거의 대부분 대기업이 차지했다.

반면에 오랜 저성장기를 지나온 일본은 우리와는 다른 선택을 했다. 요코하마의 오래된 상점 골목. 이곳에 서너 평 남짓한 미니 면세점이 등장했다. 일본 정부가 영세상인에게까지 면세 시장을 개방한 덕분이다. 미니 면세점이 확대될 수 있도록 허가 절차도 매우 간소화했다. 어느 상점이든 세무서 허가만 받으면 면세점으로 등록할 수 있다. 그렇다 보니 대도시뿐만 아니라 시골 마을의 작은 상점들까지도 면세점으로 전환했다.

그 결과 현재 일본의 미니 면세점은 1년 만에 무려 세 배 이상 늘었다. 2020년이 되면 편의점 점포 수와 같은 수치로 일본 전역으로 확대될 전망이다. 대기업이 면세점 사업권을 독점한 우리나라와는 사뭇 다른 풍경이다.

저성장의 위기에서 일본은 1등 밀어주기가 아닌 모두가 같이 살길을 찾고자 했다. 외적 성장보다는 내적 성숙으로 패러다임을 전환하기 위해 노력했고, 미니 면세점은 그 모색의 일환이었다.

## 경제성장을 결정하는
## 또 하나의 숨은 요소

—

과실이 많지 않은 저성장 시대에 승자독식이 지속될수록 많은 사회적 문제가 나타난다. 그중에서도 가장 큰 병폐는 양극화, 세대갈등으로 대표되는 사회갈등이다.

과거 성장의 시대에는 모두가 누릴 수 있는 과실이 아주 많았다. 그 과실이 크고 작음에 따라서 불만도 생겨났지만, 불만을 달랠 수 있는 달콤한 사탕도 많았다.

하지만 저성장 시대에는 과실의 절대적 양이 적을뿐더러 달콤한 사탕도 존재하지 않는다. 그렇다 보니 얼마 안 되는 과실을 서로 가져가기 위한 경쟁은 더욱 치열해지고, 사람들 간의 사회적 갈등도 커질 수밖에 없다. 그렇기 때문에 이 갈등관리야말로 저성장 시대에 대응하는 가장 중요한 과제 중 하나다.

하버드 대학의 경제학자 대니 로드릭은 갈등이 경제에 미치는 영향에 대한 흥미로운 연구 결과를 내놓았다. 즉 경제성장을 결정하는 요소인 노동, 자본, 기술 외에 갈등을 어떻게 관리하느냐를 추가해야 한다는 것이다. 실제로 한국보건사회연구원에 따르면, 갈등관리지수를 10퍼센트 높이면 1인당 GDP가 2.47퍼센트나 증가하는 것으로 나타났다. 다시 말해 갈등을 잘 관리하는 것만으로도 경제성장의 효과를 볼 수 있다는 것이다.

OECD 국가들을 대상으로 2011년 조사한 결과 대한민국이 터키, 그리스, 칠레, 이탈리아에 이어 다섯 번째로 사회갈등지수가 높게 나타났다. 게다가 갈등관리지수는 34개국 중 27위로 하위권에 머물렀다. 즉 사회갈등은 높은 데 반해 갈등관리는 안 되는 것이다. 삼성경제연구소에 따르면 한국의 사회갈등지수가 OECD 평균 수준으로만 개선되어도 GDP가 7~21퍼센트 늘어날 것으로 전망했다. 그만큼 사회갈등이 경제에 미치는 영향이 크다는 사실에 주목할 필요가 있다.

## 스웨덴과 이탈리아를 가른 차이?
## '스웨덴 패러독스'의 성공 비결

—

저성장은 지금 전 세계가 직면한 크나큰 위기다. 그리고 이 거대한 흐름을 피하기도 쉽지 않아 보인다. 피할 수 없다면 대응해야 한다. 그 방법은 무엇일까. 스웨덴과 이탈리아의 경제성장률을 비교한 그래프에서 실마리를 찾을 수 있다.

스웨덴과 이탈리아의 경제성장률을 살펴보면, 1980년대 후반만 해도 이탈리아가 스웨덴보다 높았다. 그러다가 1990년대 초반 두 나라 모두 마이너스대의 경기침체에 빠졌고, 그 이후 상황은 역전됐다. 스웨덴이 4퍼센트대의 안정적인 경제성장률을 보이는 반면 이탈리아는 2퍼센트 이하로 떨어졌다. 이 차이를 만든 것은 무엇일까.

사실 이탈리아는 세계가 부러워하는 문화유산을 가진 나라다. 건축, 패션, 미술, 농업, 식품 등 세계 최고 수준의 산업도 갖고 있다. 게다가 자연도 아름답고 기후도 굉장히 좋아서 세계적인 휴양지도 많다. 그런데 국민들은 이대로는 못살겠다고 아우성치고 있다. 도대체 언제 어디서부터 무엇이 잘못됐을까.

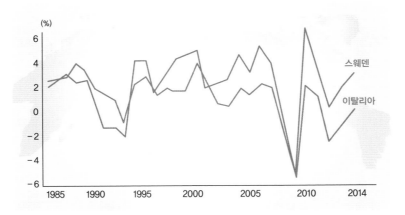

1980년대 후반까지만 해도 이탈리아의 경제성장률이 스웨덴보다 높았다. 하지만 오늘날 스웨덴이 4퍼센트의 안정적인 경제성장률을 보이는 반면, 이탈리아는 2퍼센트대로 떨어졌다. 이 차이를 만든 것은 무엇일까?

이탈리아는 지난 10년간 평균 마이너스 성장률을 기록했다. 그렇게 오랫동안 경기가 회복되지 않고 저성장의 조짐을 보였지만 사회적 대처는 이루어지지 않았다. 특히 부패한 정치가 이러한 상황을 더욱 악화시켰다. 국민들은 정치를 불신했고, 신뢰를 잃은 정치는 더욱 문제 해결 능력을 상실했다. 결국 이탈리아는 아무런 준비 없이 저성장 시대를 맞이했고, 오늘날 앞이 보이지 않는 터널 속에 갇혀 있다.

그렇다면 스웨덴은 저성장 시대를 어떻게 대비했을까. 스웨덴은 오늘날 세계 최고의 복지국가로 손꼽히는 나라다. 그와 동시에 H&M, 이케아 등 세계적인 기업들이 포진해 있어 국가경제의 성장을 뒷받침하고 있다. 일반적으로 복지와 경제성장은 양립할 수 없다고 여겨진다. 그래서 이 두 마리 토끼를 모두 잡은 스웨덴을 두고 '스웨덴 패러독스'라는 말까지 나왔다.

하지만 세계가 부러워하는 스웨덴 역시 저성장기를 거치며 갈등과 혼란을 겪었다. 당시 불거졌던 문제는 대부분의 국가들과 마찬가지로 연금제도였다. 연금은 성장 시대의 패러다임으로 만들어낸 제도다. 그런데 저성장 시대에 접어들어서도 과거의 연금제도를 유지하려고 하면 갈등이 생길 수밖에 없다. 이해관계가 첨예하게 대립하는 이 문제를 스웨덴은 어떻게 풀어갔을까.

스웨덴 연금개혁의 목적은 후손들에게 큰 세금부담을 물리지 않는 것이었다. 그러기 위해서는 베이비붐 세대와 관련된 제도들을 손보아야 했다. 저성장의 위기에서 스웨덴 국민들은 연금개혁의 필요성에 공감했고, 수년간의 토론과 합의 끝에 개혁을 완성할 수 있었다. 그리고 스웨덴의 강력한 연금개혁은 20세기 최대의 사회개혁으로 손꼽힌다. 고령 세대의 노후를 보장하면서도 젊은 세대의 세금부담은 줄이는 근본적인 해결책을 도출해냈기 때문이다.

그 내용을 좀 더 살펴보면, 과거의 연금제도는 그해 지급되는 연금을 그해 연금 가입자에 부과해 충당하는 것이었다. 때문에 인구수가 적은 젊은 세대에게 부담이 클 수밖에 없다. 개정된 연금제도는 기여한 만큼 혜택을 받는 방식이다. 즉 가상의 개인 연금계좌를 두고 은퇴 전까지 납입한 금액에 비례해 연금을 받는다. 때문에 원하는 만큼의 연금을 받기 위해서는 그만큼 노동으로 기여해야 한다.

이 연금개혁은 '복지병'에 따른 조기 은퇴를 억제해 경제활동인구를 늘렸고, 이는 경제성장률 상승으로 이어졌다. 또한 정부의 재정부담이 크게 줄어들고, 젊은 세대가 고령 세대의 연금을 부담하는 구조에서 벗어남으로써 세대 간의 갈등도 줄일 수 있었다.

연금제도의 개혁을 이루어낸 스웨덴은 동시에 미래 세대에 대한 투자에 집중했다. 그 일환으로 남성 육아휴직 정책을 강화했다. 스웨덴은 아이가 여덟 살이 될 때까지 총 480일의 육아휴직을 사용할 수 있다. 그 가운데 유급휴직 390일 중 60일은 반드시 남성이 사용해야 한다. 부모가 함께 아이를 키워갈 수 있는 환경을 마련함으로써, 여성들은 육아로 인한 경력 단절을 피할 수 있게 되었다.

전 세대의 양보를 통해 스웨덴이 지향하고자 했던 것은 가족 중심 정책이다. 이러한 정책을 통해 스웨덴은 양극화, 세대갈등으로 대표되는 저성장의 병폐를 극복할 수 있었다. 그 결과 현재 스웨덴 합계출산율은 1.9명으로 선진국 최고 수준이다.

스웨덴이 저성장 시대에 맞는 해법을 찾아 사회 시스템과 구조를 바꿔나갈 수 있었던 힘은 사회적 합의에 있다. 경제가 어려워지고 사회가 흔들리자 스웨덴 국민들은 모두가 한 발씩 물러섰다. 기업과 노조, 청년 세대와 노년 세대, 농촌과 도시가 모두 사회 전체의 공공선을 위해 양보하고 타협했다. 이 힘으로 스웨덴은 세계가 부러워하는 복지제도를 유지하면서도 저성장의 위기에서 벗어날 수 있었다. 그리고 이것이 스웨덴과 이탈리아를 가른 차이다.

# 저성장 시대의 해법?
# 바보야 문제는 정치야!

—

스웨덴의 사회적 합의, 양보와 타협의 배경에는 정치에 대한 국민의 신뢰가 있었다. 정치인의 모든 활동 내용이 투명하게 공개되고, 국민과의 토론회가 수시로 열리는 나라 스웨덴. 국민들은 정치인이 자기 개인이나 당파의 이익이 아니라 공공선에 의해 움직이리라 믿는다.

스웨덴 국민이 그토록 정치를 신뢰하는 까닭은 무엇일까. 왜 선거 때마다 국민의 85퍼센트가 투표장으로 달려가는가. 한 초선 국회의원에게서 그 이유를 찾아보자.

스웨덴 보수당 국회의원인 에릭 오토손 씨. 스물다섯 살의 초선 의원인 그는 월세 35만 원짜리 작은 원룸에서 여자친구와 함께 살고 있다. 국회의원이라고 해서 특별할 것이라는 선입견과 달리 그의 삶은 또래 청년들과 크게 다르지 않다.

오토손 의원의 집에서 국회까지는 차로 20분 남짓 걸리는 가까운 거리다. 하지만 그는 자동차 대신 주로 지하철을 이용한다. 국회의원에게 지원되는 차량이나 개인 운전기사는 없다. 뿐만 아니라 그 흔한 면책특권도 없다. 스웨덴에서 국회의원은 특권층이 아니라 나라를 위해 자신을 희생하고 헌신하는 대표적인 직업이기 때문이다. 그래서 재선, 삼선에 도전하는 국회의원이 손에 꼽을 정도다. 스웨덴 사람들의 기피 직업 1위가 국회의원이라는 이야기가 괜히 나온 것이 아니다.

스웨덴 국회는 가장 검소하지만 가장 생산적이다. 국회의원들이 얼마나 열심히 일하는지 국회의원 한 명이 임기당 평균 100개가 넘는 법안을 만들어낼 정도다. 오토손 의원 역시 하루 24시간이 모자랄 만큼 바쁘지만, 보좌관 없이 대부분의 업무를 혼자서 처리한다. 당에서 보좌관을 지원해주지만 세 명의 국회의원이 함께 도움을 받아야 하기 때문이다. 매일 밤 12시가 넘은 시간까지 일에서 손을 놓지 못하는 오토손 의원. 그는 열심히 일하지 않을 거면 국회에 있을 이유가 없다고 생각한다.

저성장 시대에 맞는 사회적 해법은 과거와 달리 훨씬 더 공공적 성격이 강해야 한다. 그런 정책과 해법을 실현하는 정치가 이루어지기 위해서는 정치가 '모두를 대변한다'는 믿음을 얻는 게 매우 중요하다. 스웨덴의 경우 국회의원 전원이 비례대표다. 각 정당의 후보들은 남녀 비율 50대 50을 지켜야 하고, 35세 이하에게 25퍼센트를 배정해야 한다. 그리고 집권 정당이 되려면 50퍼센트 이상의 지지를 얻어야 한다. 그 이유는 하나의 정당에 강한 힘을 부여하기 위해서가 아니라, 부족한 지지를 얻고자 다른 정당들과 협상하고 타협하도록 유도하기 위해서다.

정치란 무엇일까. 정치는 법과 제도를 개혁하고 새로운 시스템을 만들어내는, 가장 원천적인 힘을 가진 제도다. 즉 사회를 변화시키고 새로운 동력을 만들어내는 힘은 정치에서 나온다. 그리고 그 정치의 힘은 국민의 신뢰에서 비롯된다. 정치가 바로 서지 않으면 어떠한 좋은 경제정책도, 사회 시스템도 제대로 작동할 수 없다. 그러니 저성장 시대를 해결하는 돌파구도 결국 정치에 달려 있다.

# 저성장 시대에 맞는
# 새로운 해법을 모색할 때

저성장 시대는 과연 재앙일까. 물론 성장을 계속할 수 있다면 더없이 좋을 것이다. 성장이 있어야 일자리도 만들고, 복지도 늘릴 수 있으니 말이다. 성장은 여전히 많은 경제문제를 해결할 수 있는 가장 강력한 수단이다. 하지만 성장이 느려진다고 해서, 또는 성장이 아예 멈춘다고 해서, 우리가 살아갈 길이 없지는 않다.

저성장이 더 이상 피할 수 없는 흐름이라면, 이제는 경기가 언제 좋아질지 고민하는 일은 의미가 없다. 저성장이라는 새로운 시대를 있는 그대로 받아들이고 새로운 삶의 방식을 모색할 때다.

그렇다면 저성장 시대에 가장 필요한 변화는 무엇일까? 그것은 성장에서 성숙으로 패러다임을 전환하는 일이다. 1등 밀어주기가 아닌, 상생의 길을 찾아 사회 시스템과 구조를 바꿔나가야 한다. 그리고 이 과정에서 모두가 조금씩 양보하고 타협하며 함께 노력해 나가야 한다.

지금 우리 사회는 각자의 이익을 위해서 질주하고 있다. 그 질주의 방향이 모두 제각각이어서 정작 나라 자체는 꼼짝도 못 하는 상황이다. 밖으로 나가려는 원심력만 있고 안으로 모이는 구심력은 사라졌다. 이제 원심력들을 구심력으로 바꿔서 좀 더 나은 대안을 마련하기 위해 함께 고민해야 한다. 사회의 공공선이 무엇인지 모두가 한 발씩 물러서서 토론하고 타협하여 작은 합의라도 조금씩 도출해야 한다.

1912년 영국의 초호화 여객선 타이타닉호는 대서양 바다 한가운데에서 빙산과 충돌해 침몰하고 말았다. 그런데 빙하와 부딪히기 10초 전까지도 만찬을 즐기고, 연주회를 여는 등 밖에서 무슨 일이 벌어지고 있는지 까마득히 몰랐다.

지금 우리는 어디쯤에 있을까? 아직 우리는 배 위에 있고, 빙산을 피할 여유도 조금 남아 있다. 결국 우리의 선택과 변화에 따라 저성장이라는 위기를 무사히 넘길 수도, 정면으로 부딪힐 수도 있을 것이다.

3부

# 북한
## North Korea

明見萬里

# 7장

북·중·러
기회의 삼각지대

—

향후 20년 동안 세계에서 가장 흥미로운 곳

明
見
萬
里

세계적 투자가 짐 로저스는

자녀들에게 중국과 아시아를 가르치기 위해

9년 전 아예 싱가포르로 이주했다.

그가 지금 주목하는 곳은

한반도, 중국, 러시아 3국의 접경지역이다.

이곳에 새로운 기회가 있다.

우리는 그 기회에서 무엇을 얻을 수 있을까.

# 북·중·러
## 기회의 삼각지대

향후 20년 동안 세계에서 가장 흥미로운 곳

### 세계적 투자가 짐 로저스가
### 주목하는 그곳은?

투자회사 로저스홀딩스(Rogers Holdings)의 회장 짐 로저스는 '투자의 귀재'로 불린다. 10년 동안 무려 4200퍼센트의 수익률을 올리며 월가의 전설에 오른 세계적인 투자가다. 많은 사람들이 유럽의 통화와 경제 통합을 장밋빛으로 전망할 때 짐 로저스는 정반대 의견이었는데, 그의 예측대로 그리스 사태가 터졌다. 또 미국의 서브프라임 모기지 사태 등 그의 수많은 예측과 분석은 현실이 되었다.

세계 경제를 읽는 데 남다른 재능을 가진 그가 1980년대부터 중국 경제의 부상을 예상했다. 영국의 시대였던 19세기와 미국의 시대였던 20세기를 지나 21세기는 중국의 시대가 될 것이라고 확신하며, 자녀들에게 중국과 아시아를 가르치기 위해 9년 전 가족들과 싱가포르로 이주하기까지 했다.

그런 그에게 최근 세계시장의 또 다른 움직임이 포착됐다. 짐 로저스가 주목하는 그곳은 동북아시아, 구체적으로는 한반도·중국·러시아 3국의 접경지역이다. 그는 세 나라가 삼각형의 꼭짓점을 하나씩 나눠 가진 이곳이 향후 20년 동안 세계에서 가장 흥미로운 곳이 될 것이라고 장담했다.

그의 말대로 이곳은 지금 들썩이고 있다. 3국의 사람들이 국경을 넘나들고 서로의 발전을 부추기며 드라마틱한 변화를 일으키고 있다. 짐 로저스는 이 '기회의 삼각지대'가 대한민국과 무관하지 않다고 보았다. 우리의 노력 여하에 따라 이 흥미로운 지역이 한반도 전체로 확장될 수 있기 때문이다.

멋진 상상을 하나 해보자. 러시아 극동의 도시 블라디보스토크에서 출발하는 열차 '러시아'는 시베리아 횡단철도를 따라 일주일 동안 9288킬로미터를 달려 모스크바에 도착한다. 무려 지구 둘레의 4분의 1에 달하는 거리다. 횡단열차의 종착역인 모스크바에서 내리면 유럽철도로 갈아탈 수 있어 유럽 어디라도 철도로 이동 가능하다.

만약 부산에서 출발하는 열차가 북한을 거쳐 기회의 삼각지대로 연결된다면 어떨까? 지금 블라디보스토크에서 출발해 유럽까지 연결되

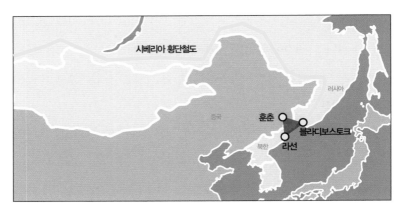

중국의 훈춘, 북한의 라선, 러시아의 블라디보스토크가 맞닿아 있는 이른바 '기회의 삼각지대'. 지금 이곳을 둘러싼 판이 요동치고 있다.

는 대륙 횡단철도의 출발점이 우리나라가 된다면? 지금은 대륙과 몸을 맞대고 있어도 분단국가라는 현실 때문에 섬 아닌 섬이 되었지만, 우리나라에서부터 대륙 횡단철도가 놓인다면 한반도는 유라시아 대륙의 출발점이 될 것이다. 지금의 경색된 남북 관계에서는 현실성이 적은 이야기이지만, 한반도의 미래를 위해 포기하지 말아야 할 꿈일 수도 있다.

최근 세계 투자가들이 대한민국에 보이는 관심이 예전만큼 크지 않다. 북한 이야기가 나오면 그제야 눈을 반짝인다. 이는 무엇을 의미하는가. 기회의 삼각지대에 우리의 지분을 쌓고, 남한에서부터 시작하는 철도가 그곳에 닿도록 하는 것이 필승전략이라는 이야기다. 거창하게 표현하자면 남북통일, 아니 최소한 남북한 경제 교류를 위해 매진하라는 것이다. 짐 로저스의 조언을 진지하게 되새기며, 기회의 삼각지대를 낱낱이 파헤쳐보자.

# 3국 교역의 중심지, 훈춘

—

　삼각형의 한 꼭짓점인 훈춘은 중국의 동쪽 끝에 자리한 국경도시로, 동북 3성의 하나인 지린성에 속해 있다. 훈춘의 64미터 전망대 용호각에서 내려다보면 왼쪽으로는 러시아의 하산이, 두만강 건너 오른쪽에는 북한의 라선이 닿을 듯 가깝다. 세 나라에서 우는 닭 울음소리와 개 짖는 소리가 들리는 곳이라는 말이 실감난다. 강 건너 북한 주민들의 모습도, 러시아와 북한을 연결하는 조러대교 위를 지나는 화물열차도 심심치 않게 보인다. 맑은 날에는 10킬로미터 떨어진 푸른 동해도 볼 수 있다.

　인구 30만 명의 도시 훈춘에 가면 가장 먼저 눈길을 사로잡는 것이 한국어, 중국어, 러시아어가 함께 쓰인 간판이다. 세 나라의 언어가 함께 적힌 간판은 훈춘 시정부가 법으로 규정한 것인데, 이곳의 지리적 특수성이 잘 드러나는 대목이다. 상점에서도 중국의 위안화와 러시아의 루블화를 함께 취급한다. 훈춘을 방문하는 러시아 관광객은 연간 30만 명에 달한다.

　대외교류가 활발해지면서 훈춘 지역의 총생산은 2015년만 하더라도 전년도에 비해 8.6포인트 성장했다. 이 도시의 장밋빛 미래를 예견하고 세계 각국의 자본이 몰려들고 있는 것이다. 땅값이 5년 전보다 다섯 배나 급등했고 시내 곳곳에 아파트가 올라가고 있다.

　훈춘과 북한 라선시(라진, 선봉이 통합된 행정구역) 세관은 두만강대교로 연결

러시아 하산    북한 라선

중국 훈춘

북·중·러 3국 접경이 맞붙은 곳. 좌측 호수가 있는 곳이 러시아 하산, 좁다란 길 아래쪽이 중국 훈춘. 두만강 다리 건너가 북한 땅이다.

되어 있다. 1년 365일 쉬는 날 없이 운영되는 훈춘의 취안허 세관은 매일 오후 2시 국경이 열리는 시간이 되면 북한으로 들어가려는 화물차량과 승용차로 장사진을 이룬다. 세관을 통과한 차량은 1936년에 지어진 왕복 2차선의 두만강철교를 건넌다. 전체 북중 교역의 3분의 1이 이 길에서 이루어진다. 낡은 다리 옆으로는 4차선의 신두만강대교가 2016년 10월 새롭게 개통되었다.

훈춘의 버스터미널에는 북한의 라진과 선봉으로 들어가는 버스가 운행되는데, 승객 대부분이 북한으로 장사하러 가는 사람들이다. 2012년부터 정기 운행 중인 이 노선은 매일 두 차례 운행하며, 오전에는 중국 버스가, 오후에는 북한에서 온 버스가 승객들을 태우고 간다. 훈춘 시장에서는 싱싱한 북한산 해산물도 쉽게 살 수 있다. 참게, 가리비, 소라,

대합, 새우 등의 해산물이 매일 컨테이너 박스로 들어오기 때문이다.

## 중국 정부의 원대한 야망이 출발하는 곳

—

중국 정부는 세 나라의 국경이 맞닿은 훈춘의 입지를 최대한 활용해 동북아 관광과 물류의 중심지로 키우려는 원대한 꿈을 갖고 있다. 그리고 이것은 동북 3성의 개발과 맥을 같이한다. 한때는 변두리로 천대받던 곳이지만, 최근 중국 정부는 국가 성장이 둔화되고 금융시장이 급변하자 동북 지역의 경제 부흥을 그 돌파구로 삼으려 하고 있다. 시진핑 중국 국가주석이 최근 동북 3성을 방문하는 횟수가 늘어난 것도 다른 지역에 비해 낙후된 이 지역의 개발에 힘을 실어주려는 의지다.

시진핑 주석은 2013년 아시아 순방 일정 중에 '일대일로(一帶一路, One Belt One Road)' 전략을 제시한 바 있다. 일대일로란 '육상 실크로드 경제벨트'를 뜻하는 '일대'와 '해상 실크로드 경제벨트'를 뜻하는 '일로'의 합성어다. '일대'는 서쪽으로 뻗은 육로로, 중국에서 유럽까지 이어진다. '일로'는 남쪽 바닷길로, 중국에서부터 유럽까지 이어진다. 이처럼 중국은 전 세계를 중국을 중심으로 이으려는 야망을 품고 있다. 이 어마어마한 계획에서 동북 지역은 아주 중요하다. 왜냐하면 러시아, 한반도와 이웃한 이곳이 대륙의 끝이자 바다로 나아가는 출구이기 때문이다.

중국은 '일대'를 위해 2015년 9월 지린성의 창춘과 훈춘을 잇는 고속

철도를 개통했다. 시속 250킬로미터를 달리는 이 고속철도를 타면 훈춘에서 창춘까지 3시간이 걸리는데, 이는 기존 운행시간에 비해 3분의 1로 단축된 것이다. 기존의 고속철도망과 연결되어 훈춘에서 베이징까지는 9시간이면 도착한다. 대륙의 동쪽 끝과 중국의 심장부가 직통으로 연결된 것이다. 고속철도가 개통하자 훈춘을 찾는 중국 내국인 관광객도 40퍼센트 늘어났다. 지린성은 러시아에 창춘-훈춘 고속철도를 블라디보스토크까지 연결하자고 제안한 상황이다. 한편 중국은 2010년에는 창춘-지린-투먼-훈춘 고속도로의 전 구간을 개통하기도 했다.

그렇다면 바닷길인 '일로'는 어떠한가. 훈춘은 동북 3성이 바다로 나아갈 수 있는 유일한 길목이다. 하지만 엄밀히 말하자면 훈춘도 바다에서 가까운 도시일 뿐 대륙에 갇힌 곳이다. 그러므로 '일로' 전략의 완성은 항구를 확보하는 것이고, 중국은 이를 위해 많은 노력을 기울이고 있다.

중국 정부의 이러한 정책과 지원의 성과는 동북 3성의 물류량 증가로 나타난다. 뱃길과 철도, 고속도로를 통해 동북 3성을 오가는 물류량이 꾸준히 증가하면서, 변방에 불과하던 이 지역이 물류의 중심지로 탈바꿈하고 있다.

동북 3성 안에서도 훈춘의 위상이 높다 보니 중국 정부는 국가급 프로젝트로 훈춘을 지원하고 있다. 2012년에는 9000만 제곱미터(약 2722만 평) 면적의 훈춘국제합작시범구가 국무원의 비준을 받아 설립되었다. 국무원은 시범구 활성화를 위해서 세금제도, 세관업무 및 통관, 사회기반 시설 건설 등 각종 지원책을 마련하고 로컬기업과 외자기업을 적극 유치했다.

한편 지린성은 2015년에는 훈춘 시에 256가지 행정권한을 대폭 이양해 훈춘의 개방과 발전을 지원했고, 2016년에는 북·중·러 3국이 참여하는 '두만강 삼각주 국제관광합작구' 사업을 추진하고 있다. 두만강을 사이에 두고 국경을 접한 세 나라에서 각각 10제곱킬로미터의 땅을 내놓아서 무비자 관광을 할 수 있는 국제관광단지를 조성하자는 것인데, 면세점, 골프장, 카지노, 민속마을, 리조트 등이 들어설 계획이다. 중국의 제안을 북한과 러시아도 반기고 있어 사업은 곧 정상 궤도에 오를 것으로 보인다.


## 극동 러시아의 끝, 떠오르는 기회의 땅

—

이번에는 러시아로 가보자. 러시아는 "모스크바와 모스크바가 아닌 지역으로 나뉜다"는 말이 있을 정도로 정치, 경제, 문화 등 모든 면이 모스크바를 중심으로 돌아가는 나라였다. 1991년 구소련이 붕괴하고 공산주의에서 시장경제로 재편된 뒤에도 러시아의 중심은 언제나 유럽과 가까이에 위치한 모스크바였다.

그런데 최근 러시아의 움직임이 확실히 달라졌다. 세계에서 가장 넓은 땅을 소유한 나라 러시아의 극동지역, 그중에서도 중국, 북한과 국경을 접하고 있는 극동 러시아의 끝부분이 기회의 땅으로 떠오르고 있다.

인구 70만의 변방 도시이자 '기회의 삼각지대'의 또 다른 꼭짓점인 블라디보스토크. 이곳을 찾는 외국인 관광객은 지난 6년 동안 여섯 배 이상 증가했다. 훈춘에 러시아 관광객이 많았듯이 이곳에도 중국인이 쉽게 눈에 띈다. 거리도 해변도 사람들로 북적인다.

대륙 횡단열차를 타고 러시아 전역, 나아가 유럽까지 여행하려는 사람들과, 반대로 모스크바에서 열차를 타고 와 아시아로 나가려는 사람들로 도시는 활기가 넘친다. 그래서인지 요즘 블라디보스토크에서 가장 잘되는 사업 중 하나가 숙박업이다. 예약이 꽉 차 손님이 와도 더 이상 받을 수 없어 즐거운 비명을 지르는 게스트하우스가 즐비하다.

블라디보스토크 외곽에는 대규모 카지노 단지가 들어서고 있다. 중국계 자본을 포함한 외국인들이 투자를 결정하면서 사업이 시작되었는데, 일곱 개 정도의 카지노가 5년 내로 문을 열고 그 주변으로 호텔과 병원이 들어설 계획이다. 이곳이 문을 열면 블라디보스토크를 찾는 관광객은 더욱 늘어날 것이다.

블라디보스토크에는 북한 사람도 많다. 주로 건설현장 등지에서 일하는 노동자들인데, 기술이 좋고 인건비가 저렴해 러시아는 이들을 전략적으로 유치하고자 노력하고 있다.

러시아 중앙정부는 블라디보스토크를 키우기 위해 지원을 아끼지 않는다. 푸틴 대통령도 2014년 12월 연방회담에서 블라디보스토크에 세관절차를 간소화한 자유무역항을 만들 것을 촉구한 바 있다. 그 후 약 반년이 지난 2015년 7월 블라디보스토크를 자유항으로 지정하는 특별법이 통과됐다. 극동 개발에 대한 러시아 정부의 의지가 얼마나 강력한지 엿볼 수 있는 대목이다.

2016년 1월 1일 특별법이 본격 시행됨으로써 블라디보스토크는 러시아의 첫 번째 특별경제구역이 되었다. 러시아 정부는 투자자들에게 관세 면제, 세금 할인, 입국 심사 완화 등의 혜택을 주는 특별법을 시행함으로써 이곳을 세계적인 자유무역지대로 만들 꿈에 부풀어 있다.

특별경제구역은 물류 분야 외에도 의료, 교육 등 모든 분야의 사업에 문을 열어놓고 있다. 앞으로 2년 안에 새로운 상주기업 1500개가 들어올 것으로 예상되는데, 자유항이 성공적으로 자리 잡으면 10년 동안 블라디보스토크의 경제성장률이 세 배가 되고, 약 10만 개의 일자리가 생기며, 투자가 10억 루블로 늘어날 것으로 기대된다.

이에 앞서 러시아 중앙정부는 2012년 극동지역 개발을 위한 연방부처인 '러시아 극동개발부'를 개설하기도 했다. 극동개발부의 주된 업무는 역시 외국인 투자 유치다. 외국 기업들이 투자하기 적합한 환경을 만들기 위해 힘쓰고 있는 것이다.

이런 노력의 결과 블라디보스토크가 속한 러시아 극동지역에 몰려든 외국인 투자액이 2006년 약 67억 달러에서 2012년 136억 달러로, 단 6년 만에 두 배 이상 껑충 뛰어올랐다. 이는 원화 16조 원에 달하는 엄청난 금액이다.

# 러시아와 중국은 왜
# 북한 라진항에 주목하는가

—

이제 삼각형의 마지막 꼭짓점을 찾아가볼 차례다. 라진-선봉 지역, 즉 라선시는 현재 북한에서 가장 빨리 발전하는 곳이다. 전기도 제대로 들어오지 않던 이곳이 180도 바뀌어 지금은 휴대전화 보급률이 80퍼센트를 넘을 정도다. 1991년 북한이 이곳을 최초의 경제특구로 선포한 지 25년여가 지난 지금, 라선시는 국제적인 화물중계지이자 수출가공기지, 관광중심 도시로 발전하면서 북한의 개방을 상징하는 도시가 되었다.

라선시에 가면 잘 닦인 넓은 도로와 말끔하게 지어진 주택들을 볼 수 있다. 라선시는 북한에서 유일하게 사증 없이도 외국인이 출입할 수 있는 곳이다. 특히 국경을 접한 중국인과 러시아인은 라선시에 아주 쉽게 드나든다. 라진 시장에서 중국의 위안화가 통용될 정도다. 라선시가 외국인 장기거주를 허용한 뒤로 중국인의 땅 매입이 활발해지면서, 중국인 거주단지와 중국인을 위한 편의시설 등이 크게 자리 잡고 있다. 관광객이 늘어나면서 위락시설도 속속 생겨나고 있다. 선봉의 해안가에는 대형 카지노가 들어섰다.

하지만 이곳에서 제일 뜨거운 곳은 뭐니 뭐니 해도 라진항이다. 라진항에는 현재 세 개의 부두가 있는데, 1호와 2호 부두는 중국이 실질적으로 사용하고 있고, 가장 긴 3호 부두는 러시아가 50년 사용권을 갖고

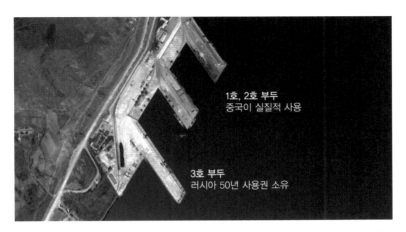

1호, 2호 부두
중국이 실질적 사용

3호 부두
러시아 50년 사용권 소유

라진항 위성사진. 현재 1호와 2호 부두는 중국이 실질적으로 사용하고 있고, 3호 부두는 러시아가 50년 사용권을 갖고 있다.

있다. 겨울에도 얼지 않는 부동항인 라진항은 기회의 삼각지대에서 바다와 대륙의 물류망을 연결하는 핵심 고리 역할을 맡고 있다. 러시아와 중국, 이 두 나라는 왜 북한의 라진항에 주목했을까?

앞에서 언급했다시피 동북 3성 지역은 북한과 러시아에 가로막혀 있어서 바다로 나갈 수 있는 항구가 없다. 그래서 화물을 중국 남부까지 보내야 했고 이에 엄청난 비용과 시간이 소요될 수밖에 없었다. 동북 지역의 진흥에 총력을 쏟고 있는 중국이 목표를 실현하기 위해서는 반드시 동해로 진출해야 하는데, 중국은 이 문제를 해결하기 위해 '차항출해(借港出海)', 즉 항구를 빌려서 바다로 나가는 전략을 택했다.

중국은 2008년 라진항 1호 부두의 10년 독점사업권을 얻어낸 데 이어, 2010년에는 라진항 4, 5, 6호 부두 독점개발권 및 50년 사용권을 얻어냈다. 라진항을 바다로 나아가는 출구로 사용하면 바다 지름길을 통해 중국 남쪽 지역, 한반도, 일본, 미국으로 물류를 보내고 받을 수 있으니, 중국의 입장에서 라진항은 동북 3성 개발의 마지막 퍼즐조각인 셈이다.

그렇다면 러시아는 어떠한가. 러시아의 극동 지역 항만은 그 수가 절대적으로 부족할뿐더러 그나마도 노후화된 곳이 많다. 게다가 역사적으로도 러시아는 부동항(1년 내내 얼지 않는 항구)을 찾기 위해 끊임없이 노력해왔다. 그렇기에 라진항은 러시아에게 아주 매력적인 곳일 수밖에 없다.

러시아는 북한과 합작하여 90억 루블, 약 2000억 원의 사업비를 들여 '라진-하산 프로젝트'를 진행했는데, 이는 라진항과 하산을 잇는 54킬로미터의 철로개선 사업이다. 2008년 러시아가 70퍼센트, 북한이 30퍼센트의 지분을 갖는 '라손콘트란스'라는 합작회사가 설립되었고, 2013년 9월 라진-하산 철도가 개통했다.

이 철도는 러시아가 사용하고 있는 라진항 3호 부두까지 바로 연결되는데, 북한과 러시아 간 교역량이 꾸준히 늘어 현재 화물열차가 매일 운행되고 있다. 2015년 북한과 러시아 간 철도 물동량은 120만 톤으로, 26만 톤이었던 2014년보다 네 배 이상 늘어났다. 이 가운데 대부분이 라진으로 오는 석탄(112만 톤)이었다.

라진-하산 프로젝트로 시베리아 횡단철도와 북한의 라진항이 연결되면서, 러시아는 유럽과 한국, 일본 등을 연결하는 물류사업을 추진하는 데 더욱 유리한 위치를 차지하게 되었다. 대륙에서 바다로 나가는 또 하나의 멋진 항구를 얻은 것이다.

이렇듯 각 나라의 이해관계가 맞물리면서 '기회의 삼각지대'가 만들어졌다. 훈춘과 하산, 라선의 국경은 아주 느슨하다. 세 나라는 서로 사람과 물자, 사업을 주고받으며 빠르게 변화하고 있다. 2014년부터는 새해 첫날 행사까지 3국 연합으로 진행하고 있다. 2016년 1월 1일에도 훈춘, 하산, 라선에서 동시에 쏘아올린 화려한 불꽃이 하늘을 아름답게 수놓았다.

## 우리는 무엇을 하고 있나?

'기회의 삼각지대'를 둘러싸고 세계의 흐름이 빠르게 바뀌고 있는데, 한국은 무얼 하고 있을까? 우리만 구경꾼처럼 넋 놓고 있는 것은 아닌가? 우리와 아주 가깝고 밀접한 관계가 있는 이 기회의 삼각지대에 왜 우리는 끼지 못하는 걸까?

이 기회의 동아줄을 잡으려 노력하는 우리 기업이 없는 것이 아니다. 중국 훈춘 국제합작시범구 중심부, 여의도 면적의 절반에 달하는 150만 제곱미터(45만 평)에 '포스코-현대 국제물류단지'가 들어서 있다. 포스코와 현대는 이곳을 동북아 여러 나라들을 잇는 물류 거점으로 만들겠다는 포부를 갖고, 2020년까지 약 1300만 톤의 물동량을 취급할 것으로 예상해 그에 걸맞은 대규모 물류단지 건설 계획을 세웠다.

그런데 이 야심찬 계획에 장애물이 있다. 바로 남북한 갈등 문제다. 2010년의 5.24조치 등 정치적 긴장 관계 때문에 우리나라 기업이 북한과 직접 교류하거나 라진항을 자유롭게 이용할 수 없다. 동북아시아의 경제 흐름에 맞춰 함께 뻗어나가는 데에 한계가 있다. 더욱 심각한 것은 남북한 관계 단절이 계속되는 상황에서 중국과 러시아가 도로, 항만, 철도 등 핵심 인프라에 대한 사용권을 행사한다면 나중에 우리 기업이 독자적으로 진출할 기회가 생기더라도 주도권을 잡기가 어렵다는 점이다.

대북 관계에서 지금 우리의 상황을 상징적으로 보여주는 곳이 있다. 바로 북한의 또 다른 접경 지역, 강원도다. 금강산 여행으로 한 해 30만 명의 관광객이 오갈 정도로 북적였던 고성 출입국사무소는 완전히 폐허가 되고 말았다. 2008년 관광객 피살 사건 이후 금강산 관광이 전면 중단되면서 400여 개 업소가 문을 닫았고 주민들과 상인들이 떠나갔다. 이 때문에 강원도의 지역경제는 직격탄을 맞아, 정부 공식 집계로 2조 3000억 원 정도의 경제적인 피해를 보았다. 이미 남북의 도로와 철길은 다 이어져 있지만 언제 다시 열릴지 기약할 수 없는 상황이다. 말하자면 북한의 위쪽 접경지역이 해가 쨍쨍하게 뜬 대낮인 데 비해, 우리와 맞닿아 있는 아래쪽 접경지역은 아주 캄캄한 밤과 같다.

그런데 북한 전문가들의 말에 따르면, 북한은 내심 우리 기업의 진출을 바라고 있다고 한다. 현재 중국과 러시아에 과도하게 의존하는 협력 방식에 부담을 갖고 있다는 것이다. 2014년 1월 중국 컨소시엄과 합의한 신의주-개성 400킬로미터 고속철 사업만 하더라도, 중국 업체가 30년 운영권에다 북한 광산 개발권까지 받았다. 한반도를 둘러싼 주변 국들의 발 빠른 움직임을 고려한다면 우리도 북한을 제재의 대상으로만 봐서는 곤란하다.

## 남북 경제통일의 가치는 얼마인가

―

성장 한계에 도달한 대한민국을 살릴 해법이 분단으로 잃어버린 우리의 대륙적 정체성을 되찾는 데 있다는 것을 우리 정부도 잘 알고 있다. 박근혜 정부가 2013년 10월 발표한 '유라시아 이니셔티브' 역시 유라시아 대륙을 하나의 경제공동체로 묶고 북한의 개방을 유도해 한반도의 평화를 구축하자는 내용을 담고 있다.

정부는 유라시아 이니셔티브를 발표하고 얼마 지나지 않은 2013년 11월에는 한러 정상회담에서 라진-하산 프로젝트 참여를 합의하기도 했다. 한국이 러시아 측 지분의 일부를 인수함으로써 북한에 간접 투자하는 방식을 택한 것인데, 이로써 러시아에서 라진항으로 운반한 물자를 선박을 통해 포항항, 부산항 등으로 운송하는 길이 열린 것이다.

세계 6위의 항만 규모를 자랑하는 부산시는 이미 동북 3성이나 블라디보스토크와 교류하고 있고, 남북 관계와 동북아시아 교류를 위한 부서까지 만드는 등 라진-하산 프로젝트를 위한 만반의 준비를 갖추었다.

하지만 북한을 포함한 동북아시아 경제 공동체를 이룰 청사진에 다시 먹구름이 끼고 말았다. 2016년 1월 북한이 4차 핵실험을 감행하자, 정부는 라진-하산 프로젝트에 대한 지원을 잠정 중단하기로 한 것이다. 거기에 2016년 2월 북한의 장거리 로켓 발사에 대한 조치로 개성공단 전면 중단이 선언되면서 남북관계는 더욱 꽁꽁 얼어붙고 말았다. 정치적 대치 상황 앞에서 경제 교류가 뒷전으로 밀려나기를 반복하는 이 패러다임을 그대로 두고 보아야만 할까?

글로벌 투자금융기업 골드만삭스의 권구훈 전무는 남북이 경제 통합을 이뤘을 때 통일 한국의 경제가 얼마나 발전할 것인가에 대한 보고서를 2009년 발표했는데, 당시 국내 언론뿐만 아니라 해외 언론들까지 보고서에 나온 하나의 그래프를 앞 다투어 보도했다. 그것은 2050년 세계 GDP 예상 순위를 나타내는 그래프였다. 이 그래프는 북한의 인적 자원과 풍부한 천연자원 그리고 한국의 자본과 기술력이 더해진다면 30~40년 내에 우리나라의 GDP가 현재 G7 국가인 프랑스, 독일은 물론이고 일본까지도 뛰어넘을 수 있음을 보여주었다.

이 분석처럼 많은 경제 전문가들은 우리가 북한과 경제적으로 교류할 때 모든 업종의 기업들이 상당한 이익을 얻을 수 있고, 최소한 20년 동안 지속적인 발전을 할 수 있을 것이라는 결론을 내놓고 있다. 고질적인 저성장 침체기로 접어든 한국이 한반도를 둘러싼 경제 강국들의 복잡한 이해관계 속에서 최대의 이익을 확보하는 방법이 남북한 경제 교류라는 것이다. 어쩌면 통일은 분단국가로서의 당위나 민족주의에 대

◆ 2050년 통일한국의 GDP 순위

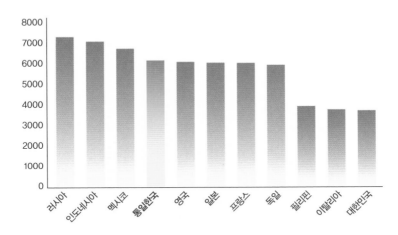

골드만삭스의 권구훈 전무는 '발상을 전환하면 오히려 북한이 기회 요인이 될 수 있다'며, 통일한국의 GDP 가 독일과 일본을 추월할 수 있다고 전망했다.

한 호소가 아니라, 우리의 유일하고도 확실한 활로일지도 모른다.

그래도 다시 의문은 남는다. 대결하고 대립하던 관계에서 화해하고 협력하며 같이 살아가는 남북관계로 어떻게 바뀔 수 있을까?

## 동북아의 주변국이 될 것인가
## 유라시아 발전의 원동력이 될 것인가

—

짐 로저스는 남한의 자본과 기술, 북한의 값싸고 숙련된 노동력과 천연자원이 최고의 조합이라고 말한다. 게다가 남북을 잇는 철도는 이미 마련되어 있다. 남북한 경제 통합은 청년들에게는 새로운 일자리를, 기업들에게는 더 큰 시장을 의미한다. 시베리아의 풍부한 자원에도 손쉽게 접근할 수 있을 것이다. 그는 나아가 통일한국에서는 저출산과 노령화라는 인구문제까지 해결될 것이라고 전망했다.

물론 서둘러서는 안 된다. 독일과 같은 급속한 경제통일은 재앙이 될 뿐이다. 그럴 경우 남북한의 격차 때문에 통일 비용이 독일보다 일 인당 열 배는 더 많을 것이라는 분석이 있다. 중국과 홍콩처럼 점진적인 과정이 필요한데, 결국 통일 비용을 줄이기 위해서는 남북한 소득격차를 줄여야만 한다.

그것은 우리 기업이 북한으로 진출해 활발하게 사업을 벌여 북한 주민들의 소득을 높이는 것으로 이룰 수 있으며, 이는 우리 기업도 북한도 이익을 보는 확실한 윈윈 게임이다. 북한의 천연자원을 개발하고, 인프라를 확충하고, 남북 주민들의 지식과 정보, 복지 격차를 줄여나가는 것, 이것이 경제 교류의 과정이자 점진적 통일의 과정이다.

다시 철도 이야기로 돌아가 보자. 유라시아 이니셔티브의 핵심인 한반도 종단철도(TKR, Trans-Korea Railway)의 꿈을 앞당기기 위한 작은 시도가 2015년 7월에 있었다. '유라시아 친선특급' 프로젝트가 그것인데, 250여 명의 참가자들이 서울역에서 발대식을 가진 뒤 비행기로 블라디보스토크와 베이징으로 이동해 대륙 횡단열차를 타고 독일 베를린까지 총 1만 4400킬로미터의 여정을 소화했다. 언젠가는 남북을 잇는 열차가 대륙을 거쳐 유럽까지 힘차게 달리기를 염원하는 행사였다.

이 꿈을 현실로 바꿀 수 있을 것인가는 우리의 선택에 달려 있다. 지금은 기회의 삼각지대를 둘러싼 게임의 판을 우리가 새로 짜야 할 때다. 이 기회를 잡지 못하고 동북아시아의 주변국이 될 것인가, 아니면 통일한국을 통해 유라시아 발전의 원동력이 될 것인가. 한반도 게임 체인지가 절실하다.

# 대한민국은 아직 섬나라
# 대륙과 이어질 기회가 필요하다

강윤기 PD

경제에 관심 있는 사람이 아니더라도 우리 경제가 사면초가의 위기에 빠져 있다는 것은 모두들 실감하는 사실이다. 중국은 과거의 '짝퉁국가' 면모를 벗고 놀라운 기술혁신을 이루며 무섭게 성장하고 있고, 일본도 오랜 경기침체에서 벗어나 최첨단 분야를 중심으로 기지개를 켜고 있다. 한국 경제가 소위 말하는 '샌드위치'가 되어버렸다고들 한다. 이러지도 저러지도 못하는 상황이다.

문제는 여기서 그치지 않는다. 그동안 추진되어온 수출 대기업 중심의 경제정책도 많은 부작용을 생산하고 있다. 우리 사회의 경제 양극화는 갈수록 심해지고 있고 이로 인한 저출산, 고령화 문제도 미래를 어둡게 한다. 오죽하면 '헬조선'이라는 말까지 나왔을까.

2015년, 광복 70년을 맞아 〈명견만리〉 제작진은 한반도가 대륙에서 어떻게 하면 살아남을 수 있는지 그 해답을 찾아보기로 했다. 정치적인 기준이 아니라 가장 시급한 경제적 관점으로 접근해보기로 했다. 다행히 우리에게 아직 기회가 남아있다고 말하는 사람들이 적지 않았다. 대표적인 사람이 바로 세계적인 투자자문회사 '골드만삭스'의 권구훈 전무다.

세계 경제의 흐름을 빨리 읽기로 유명한 이 이코노미스트는 왜 아직도 우리에게 기회가 있다고 말하는 것일까? 또 그 기회는 무엇일까? 그는 북한, 중국, 러시아 세 나라의 국경지대를 주목했다.

북중러 국경지대의 중국 쪽 도시인 훈춘을 방문하면서 프로그램 제작이 시작되었다. 그곳에서 우리는 요즘 한국에서는 볼 수 없는 생동감을 느꼈다. 중국의 동쪽 끝, 몇 년 전만 해도 허허벌판이었던 변방 도시가 그야말로 상전벽해 급으로 변하고 있었다. 중국 내륙으로 이어지는 고속철도가 이미 개통되었고 일자리를 찾아 사람들이 몰려들면서 도시 곳곳에 아파트가 건설되고 있었다. 물론 여기저기 공장도 들어서고 있었다. 그런 곳에 돈이 몰리는 것은 당연한 일. 수많은 러시아 사람들과 북한 사람들이 중국 훈춘을 오가며 무역을 통해 돈을 벌고 있었다.

특히 우리의 시선을 사로잡았던 것은 훈춘 시내에 있는 간판이었다. 마치 서울 이태원에 영어 간판이 즐비하듯이 훈춘 시내의 모든 간판은 한글, 중국어, 러시아어 3개 국어로 적혀 있었다. 취재 도중 만난 한 훈춘 시 공무원은 "가까운 미래에 훈춘이 싱가포르와 같은 국제도시로 변할 것"이라는 희망까지 내비쳤다.

우리는 '기회의 삼각지대'가 바로 이곳에 있다는 생각이 들었다. 그곳은 바로 중국의 '일대일로' 전략과 러시아의 '극동개발' 전략 그리고 북한 개방의 상징인 라선특별시가 정확히 만나는 곳. 한반도와 중국, 러시아의 국경지대였다.

하지만 많은 사람들이 의문을 던진다. 세계에서 가장 폐쇄적인 '불량국가' 북한을 맞대고 있는 중국과 러시아의 국경지역에 무슨 기회가 있겠느냐고 말이다. 수년 전만 해도 이러한 지적은 틀린 말이 아니었다. 취재를 가기 전까지 제작진도 비슷한 생각을 가지고 있었다. 그러나 북중러 3개국의 변화를 직접 목격하고 나서는 생각이 바뀌었다. 무엇보다 우리가 간과해서는 안 되는 것이 있다. 바로 북한이 점점 자본주의 경제체제로 변하고 있다는 것이다.

취재를 위해 중국과 러시아에서 북한과 무역을 하거나 합작으로 사업하는 많은 사람들을 만났다. 그들이 이구동성으로 하는 말은 북한 경제가 빠르게 변하고 있다는 것이다. 북한과 오랜 기간 사업을 지속해오고 있는 한 러시아 사업가는 "북한이 마치 20~30년 전의 중국이나 러시아와 같은 모습을 보이고 있다"고 말했다. 사회주의 체제를 끝내고 개혁개방에 처음 나서기 시작한 초기 자본주의의 모습, 이것이 현장을 아는 사람들이 말하는 북한의 모습이다. 어쩌면 시장경제와 다름없이 운영되는 중국, 러시아와 국경을 맞대고 있는 상황을 감안한다면 놀랄만

한 일도 아니다.

중국과 러시아의 경제 또한 위기상황에 놓여 있다. 중국은 제조업 중심 국가에서 구조조정을 통해 혁신을 꾀하고 있고, 유가 하락과 유럽의 경기침체에 당면한 러시아도 고민이 깊다. 과연 그들이 취할 수 있는 돌파구는 어디에 있을까? 바로 북한을 통해서 돈을 버는 것이다. 실제로 중국과 러시아의 경제정책이 그렇게 움직이고 있다. 중국은 한반도와 이웃한 동북 3성 개발을 통해 '일대일로'의 완성을 꿈꾸고 있고, 러시아도 극동개발을 통해 동북아시아 경제 협력을 이끌어 내는 것을 주요 경제 목표로 추진하고 있다.

실제로 북한과 중국, 러시아 사이의 경제 교류는 2000년대 중반 이후 급속하게 증가하고 있다. 더군다나 2000년대 후반부터 남북관계가 악화되면서 북한 경제는 중국과 러시아에 훨씬 더 의존적으로 변하고 있다. 북한의 대표적인 경제특구인 라선항 3개 부두의 이용권이 이미 중국과 러시아에게 모두 넘어가 있다는 사실만 봐도 그렇다.

우리는 세계적인 투자자, 짐 로저스도 만났다. 그는 지금 미국을 떠나 싱가포르에 살고 있다. 어린 두 딸에게 아시아를 가르치기 위해서라고 한다. 그는 30여 년 전부터 중국 경제의 괄목할 만한 발전을 예견해오던 사람이다. 인터뷰를 하면서 그가 우리에게 던진 말은 의미심장했다. 그는 확신에 찬 목소리로 "이제 동북아시아의 시대가 올 것이다. 그리고 그 시작점은 한반도와 중국, 러시아의 국경지대가 될 것이다"라고 강조했다. 덧붙여 "미국과 한국이 그 기회를 놓치고 있다"며 걱정했다. 권구훈 전무와 짐 로저스, 그들은 동북아시아의 경제 축이 변하고 있고 그것이 한반도에 기회로 작용하고 있다는 데 뜻을 같이했다.

우리는 어릴 때부터 한국을 '대륙의 끝이자 삼면이 바다로 둘러싸인 나라'라고 배워왔다. 그런데 이번 취재를 통해 만난 한 전문가는 이런 말이 사실과 다르다고 했다. 그는 우리나라가 '섬'이라고 말한다. 대륙과 연결되는 지점이 막혀 있어 동서남북이 모두 바다에 둘러싸인 것과 같기 때문에 섬나라와 다름없다는 것이다. 정확한 지적이다.

이제 우리 스스로 생존을 위한 돌파구를 찾아야 하는 시간이 된 것은 아닐까. 한반도와 대륙의 접경지역, 기회의 삼각지대에서 벌어지는 경제 흐름을 놓치지 않고 우리의 이익으로 되살려내야 한다. 이렇게 되면 자연스레 남북한의 경제 통합도 이루어질 수 있다. 정치적인 통합은 배제하고라도 말이다. 권구훈 전무는 남북한의 경제 통합이 이루어진다면 남쪽의 기술, 자본과 북쪽의 노동력과 자원이 시너지 효과를 내면서 한반도 경제가 새로운 중흥기를 맞을 것이라고 예상했다. 짐 로저스도 마찬가지였다.

'기회'는 항상 그 자리에서 기다리고 있는 것이 아니다. 시간이 지나면 사라진다. 한국 경제의 골든타임에 주어진 마지막 기회를 붙잡아야

할 시점이다. 더불어 정치적 난관을 경제적인 교류를 통해 풀어갈 해법
이 있는지도 함께 고민하는 계기가 되었으면 한다.

明見萬里

# 8장

# 장마당 세대와 돈주,
# 북한 신인류에 주목하라

—

### 경제통일은 어디에서 시작되고 있는가

明見萬里

750여 개의 장마당. 2억 원이 넘는 평양의 아파트값.

들썩이는 중국 단둥의 건축자재 시장.

이미 시장경제 안에서 자라고 꿈을 꾸는 북한의 장마당 세대들.

우리만 모르고 있는 북한의 변화는 무엇인가.

체제의 장벽 속에 가려 보지 못했던

북한 신인류의 등장에 주목하라.

# 장마당 세대와 돈주, 북한 신인류에 주목하라

> 경제통일은 어디에서 시작되고 있는가

아케이드로 만들어진 시장은 투명한 지붕 덕분에 겨울에는 따사로운 햇볕이 들고 여름에도 비 맞을 걱정 없이 쾌적한 쇼핑을 할 수 있다. 시장에는 곡식, 육류, 채소 등의 식재료부터 평면 TV, 노트북, 휴대전화와 같은 전자제품, 잡화까지 온갖 물건들이 있다. 해외 상품들도 판매되고 있다. 수입산 시계, 스위스 커피와 한국 신라면도 보인다. 매대마다 카드 결제기가 놓여 있다.

피자나 햄버거를 파는 가게도 눈에 띈다. 전화 한 통이면 배달도 바로 해준다. 그런가 하면 애완용품, 태양열 전지패널, 자전거 가게도 보이고, 손세차장도 있다. 시장은 물건을 사러 온 사람들로 발 디딜 틈이 없고, 여기저기 호객하고 흥정하는 소리로 시끌벅적하다. 이곳이 어디일까?

바로 북한의 자생적 시장인 장마당의 풍경이다.

## 750여 개의 장마당이 바꿔놓은 북한

─────

꼭 붙어 있는 두 나라. 그러나 전혀 교류하지 않는 두 나라. 한쪽은 20세기 최고의 성공 스토리를 썼으나 한쪽은 20세기 최악의 체제를 가지고 있는 나라. 한쪽은 자유롭고 다른 한쪽은 그렇지 못한 나라. 한쪽의 국민이 다른 한쪽의 국민보다 40배나 더 잘사는 나라. 바로 남한과 북한이다.

이렇게 극단의 땅이 되어버린 한반도에서는 툭하면 긴장감이 감돌고, 이는 두 나라 모두의 미래에 불안한 요소로 작용하고 있다. 이제 누구도 국가 주도의 한반도 통일에 대해서 기대하지 않는다. 그러면 한반도는 계속 이렇게 존재할 것인가. 그렇지 않다. 이미 북한은 시장화된 경제로 변모했다. 무엇이? 바로 사람이 변했다.

'북한' 하면 어떤 이미지가 떠오르는가? 헐벗고 굶주린 나라, 국가 권력 앞에 개인의 자유는 말살당하고, 먹을 것이 없어 목숨 걸고 탈출해야 하는 나라. 이것이 이제까지 우리가 아는 북한의 이미지였다. 우리가 북한의 모습을 엿볼 수 있는 경로는 지극히 한정적이다. 그래서 북한에 대한 참혹한 장면과 북한에 대한 변화된 모습을 동시에 접해도, 어느 것을 믿어야 할지 판단하기 쉽지 않다.

북한 평양시 락랑구역에 있는 통일거리시장의 2004년 모습.

그러나 앞에서 살펴본 북한의 장마당 풍경은 이미 현실이다. 일부 지역만의 이야기이거나, 체제 선전용으로 과장된 것은 아닐까? 그렇지 않다. 모든 장마당이 이만큼 잘 조성된 것은 아니지만, 시장경제는 이미 북한 사람들의 삶이다.

임을출 경남대 극동문제연구소 교수에 따르면, 공식 집계한 북한의 장마당은 400여 개지만 비정기적으로 열리는 길거리장, 골목장 등을 포함하면 750여 개로 추산된다. 미국 존스홉킨스 대학 한미연구소의 커티스 멜빈 연구원도 2015년 10월 위성사진 분석 결과 북한 내 공식 시장이 406개로 확인됐다고 밝힌 바 있다. 이는 2010년에 비해 약 두 배가 증가한 수치다. 함경북도 청진 수남시장의 경우 매대 수가 1만 2000개가 넘고, 평안남도의 한 도시의 장마당에는 2킬로미터에 이르는 매

대도 있다.

우리가 인식하지 못하는 사이에 북한은 시장경제로 서서히 그러나 확실히 변화하는 중이다. 아래로부터 시작된 변화의 중심에 장마당이 있다. 장마당을 이용하지 않는 북한 주민이 거의 없고, 많은 사람들이 장마당에서 장사해서 돈을 많이 벌고 싶어 한다.

서울대 통일평화연구원이 남한 탈북자 147명을 대상으로 2014년 조사한 결과, 응답자의 95퍼센트가 장마당에서 옷을 산 경험이 있고, 식재료를 비롯한 다른 생필품들도 장마당에서 대부분 구입한다고 답변했다. 또 112명의 응답자가 '상행위 경험이 있고', 이 가운데 30명은 '전업으로 장사를 했다'고 답했다.

## 국가의 지시가 아닌
## 개인의 의지로 움직이는 사람들

—

이 변화에서 보아야 하는 핵심은 바로 북한 사람들의 경제적 행위다. 그 생생한 변화를 목격하기 위해 압록강을 사이에 두고 북한의 신의주와 접해 있는 중국의 국경도시 단둥으로 가보자.

단둥에는 보트나 유람선을 타고 압록강을 둘러보는 관광상품이 있는데, 북한 주민들의 일상을 가까이서 볼 수 있어 관광객에게 인기가 많다. 보트에 오르고 얼마 되지 않아 건너편 강가에서 빨래하는 북한 사람들

압록강 관광을 하는 중국 배에 다가가 물건을 파는 북한 사람.

이 눈에 들어온다. 관광 보트로 다가와 약술이나 담배를 판매하는 북한 사람도 만날 수 있다. 북한군 초소에서 겨우 100미터 남짓 떨어진 압록강 한가운데에서 말이다. 소규모 상거래가 공공연히 이루어지고 있음을 알 수 있는 대목이다. 10여 년 전만 해도 상상할 수 없었던 일이다.

북한 정부가 외화벌이를 위해 관광객 유치에 힘을 쏟은 덕에, 신의주를 직접 여행할 수 있는 관광상품도 있다. 물론 남한 사람은 못 들어가지만, 2009년부터 중국인들은 단둥 세관을 통해 비자 없이 신의주를 여행할 수 있고, 중국인이 아니어도 여행사를 통해 북한 비자를 쉽게 받을 수 있다.

신의주 당일 관광은 오전 8시 단둥과 신의주를 잇는 압록강철교를 건너는 것으로 시작된다. 버스 창밖으로 보이는 신의주는 건설공사가 한창이다. 길가에는 북한에서 '살림집'이라고 부르는 아파트가 길게 늘어서 있다. 발코니에 태양열 전지 패널을 설치한 가정이 많고, 디젤 발전기를 보유한 가구도 있다. 이는 전력난이 심각한 북한에서 주민들이 마련한 자구책이다. 북한 주민들은 정부에만 의존하기보다 문제를 해결하기 위해 개인적인 노력을 하고 있었다. 이것이 장마당에서 태양열 전지패널이 인기리에 판매되는 이유였다.

신의주 주민들도 장마당에서 물건을 구입하는 걸 아주 좋아한다. 시장에서 개인적인 소비 활동이 자연스럽게 이루어지고 있는 것이다. 이런 사실들은 더 이상 북한이 예전처럼 정부의 통제가 먹혀들어가던 계획경제 국가가 아니라는 것을 시사한다.

배급제 사회였던 북한에서 언제부터 장마당이 활발해졌을까? 시작은 1990년대 중후반 일어난 '고난의 행군'이었다. 당시 사회주의국가들의 체제가 붕괴되고 북한이 국제적으로 고립되면서 경제적인 어려움이 극에 달했다. 배급제는 붕괴했다. 수십만 명의 아사자가 발생했고, 식량난을 견디다 못해 북한을 탈출하는 사람이 줄을 이었다.

국가에서 먹을 것을 주지 않으니 살아남은 사람들은 굶어죽지 않기 위해 집에 있는 것들을 하나씩 내다 팔기 시작했다. 이것이 장마당의 시작이다. 보안원들이 단속 나오면 도망갔다가 다시 모이는 모양이 메뚜기 같다 하여 처음에는 메뚜기장이라고 불렀는데, 규모가 커지면서 장마당으로 발전했다. 집 없이 떠도는 어린 꽃제비들이 배를 채울 수 있는 곳도 장마당이었다.

그리고 이제는 장마당 없이는 북한 경제가 굴러가지 않는 수준에까지 왔다. 10일장에서 매일장으로 바뀌고, 장마당에서는 새벽부터 자리 쟁탈전이 일어났다. 예전에는 거래금지 품목이던 쌀, 옥수수 등의 곡물, 전자제품, 의약품, 수입품도 매대 위에 올라왔다.

결국 2003년 김정일 전 국방위원장은 '시장을 인민생활에 편리하고 나라의 경제 관리에 유리한 경제적 공간으로 이용하는 것에 대한' 방침을 제시하며 장마당을 공식 인정했다. 그 인정은 무엇을 의미하는가. 이제 사람들이 정부에 의존하지 않고 자신의 문제를 해결하기 위해 개인적인 노력을 하고 있으며, 북한 정부도 결국 그 사실을 용인하게 되었다는 것이다.

## 10년 후 북한 주민의 절반 차지할 '뉴 노스 코리안(New North Korean) 세대'

―

그렇다면 이런 변화는 북한 주민들의 라이프 스타일, 행동, 사고, 태도 그리고 소비 열망에 어떤 영향을 주었을까? 장마당을 통해 계획된 사회주의 경제에서 역동적인 시장경제로의 변화를 경험하면서, 북한 주민들의 의식에도 많은 변화가 일어났다. 특히 1980~1990년대에 태어나 배급제를 경험하지 못한 새로운 세대는 그 이전 세대와 크게 달라졌다. 돈이 있으면 원하는 것을 살 수 있다는 경제관념이 생겨나고 '내 것'

이라는 사유 개념이 확산되었다. 이들은 그들의 부모와 조부모 세대와는 전혀 다른 세대들이다.

국내에 거주하는 탈북자들을 조사한 바에 따르면, 북한 청년 대다수가 어려서부터 장사에 대해 잘 알고 있거나 직접 장사해본 경험이 있었다. 또 장사를 잘하는 부모님을 자랑스러워하는 등 장사에 대해 긍정적인 인식을 갖고 있었고, 앞으로 북한 시장경제가 더욱 확대될 것으로 예측했다.

10대 때부터 등짐을 지고 장마당에 가서 장사해본 경험을 가진 장마당 세대들은 장사해서 번 돈으로 처음에는 먹을 것과 생필품을 샀지만, 나중에는 장마당에서 파는 CD와 DVD 등 기호품을 구입했다. 그리고 그런 것들을 통해 알게 된 남한 사회의 유행을 따라, 단속을 피해 머리를 기르거나 염색을 하고, 청바지나 미니스커트 등을 몰래 사 입기도 했다. 길거리에 함께 모여 기타를 치며 한국 노래를 부르는 것도 그들이 좋아하던 문화였다고 한다.

고난의 행군 시기에 북한의 교육도 무너졌다. 먹고사는 문제가 먼저이다 보니 아이들도 학교에 가는 대신 농사짓거나 장사를 해야 했다. 이 시기에 자라난 장마당 세대의 문맹률은 그 이전 세대에 비해 아주 높다. 이들은 학교에 가서 국가와 당에 대한 충성심을 교육받는 대신 장마당에 가서 유통, 가격 흥정, 판매까지 시장경제와 관련된 모든 것을 배웠다.

그렇게 자라난 세대에게는 돈이 제일 순위다. 국가가 아닌 장마당이 먹여주고 입혀주며 키운 세대이다 보니, 겉은 사회주의국가 국민이지만 내면은 이미 자본주의화, 개인주의화가 된 상태다. 무엇보다 자신이 잘사는 게 중요하고, 그러려면 돈이 있어야 한다는 생각이 강하다. 돈을 벌어서 '꼭 필요한' 생필품만을 사는 게 아니라, 없어도 되지만 '사고 싶은' 물건, 즉 기호품이나 사치품을 산다. 이것은 굉장히 중요한 차이점이다. 바로 소비주의가 생겨난 것이기 때문이다.

2015년 현재 29세 이하의 장마당 세대가 북한 전체 인구에서 차지하는 비율은 약 44퍼센트다. 그리고 10년 후에는 이들이 차지하는 비율이 북한 전체 인구의 절반을 넘길 것이다. 두말할 나위 없이 이들이 북한의 미래를 이끌어갈 중추세력이다.

북한 청년들의 꿈도 달라지고 있다. 이전에는 김일성종합대학을 졸업하고 당 간부가 되는 것이 최고의 성공이었다면 지금은 아니다. 외국으로 나가 일할 수 없는 김일성종합대학이나 김책공업대학 대신 평양건축종합대학이 뜨고 있다. 이 대학을 우수한 성적으로 졸업하면 대외건설사업소에 취직해 해외에서 일할 기회가 주어지는데, 북한에서는 상상할 수 없는 임금을 받고 수입의 100퍼센트를 개인이 가질 수 있기 때문이다.

중국은 북한 여성들이 선호하는 지역이다. 젊은이들 사이에서는 중국어 열풍이 불고 있다. 북중간 무역의 70~80퍼센트가 이루어지는 거점도시 단둥에서도 이를 확인할 수 있다.

단둥역에는 하루 한 번 평양에서 출발한 기차가 도착하는데, 승객 가운데 한 무리는 외화벌이를 위해 온 젊은 여성들이다. 까다로운 심사를 거쳐 선발된 이들은 길게는 3년까지 단둥에서 일한 뒤 북한으로 돌아간다. 주로 의류, 신발, 가발 등 봉제 분야에서 일하는데, 손기술이 좋고 임금이 낮아 중국에서 경쟁력이 높다. 이들이 받는 한 달 임금은 한국 돈으로 최고 70만 원 정도다. 이 가운데 80퍼센트 이상을 북한 정부가 가져가지만, 그래도 북한에서 버는 수입보다 훨씬 많아 단둥에서 3년 벌어 북한에 가면 한동안 잘살 수 있다고 한다.

이 여성들은 공장이 쉬는 휴일이면 시장에 가서 아이스크림 등 군것질거리를 사 먹고 옷과 화장품을 구입한다. 북한 사람들이 자주 온다는 단둥의 한 상점 주인은 유명 브랜드에 비싼 상품일수록 인기가 좋고, 한국산 제품이 특히 잘 팔린다고 전한다.

중국 정부의 발표에 따르면 2008년부터 2015년까지 7년간 북한인 입국자 수가 두 배 가까이 늘었는데, 이 가운데 노동자가 절반을 차지한다. 이들이 버는 외화는 연간 2~4억 달러로 추정된다.

## 막강한 신흥자본계급, 돈주

장마당은 새로운 세대뿐 아니라 새로운 계급도 만들어냈다. 점점 확산되는 장마당에서 돈을 모아 북한 사회에 막강한 영향력을 행사하는 사람들, 신흥 부자인 '돈주'가 그들이다. 돈의 주인이라는 뜻의 '돈주'는 한 번도 공식용어가 된 적이 없지만 이미 오래전부터 일상적으로 사용돼왔다. 돈주의 범위는 장마당에서 돈놀이를 하는 일수꾼부터 거액의 돈을 굴리는 슈퍼리치까지 폭이 넓은데, 대부분은 사업을 하는 신흥자본가 계급이다.

현재 북한에서 벌어지는 대규모 사업이나 개발에는 어김없이 돈주들의 자본이 투자된다. 2013년 평양에 개장한 북한 최대의 워터파크인 문수물놀이장은 실내외 수영장과 파도 풀장, 대형 미끄럼틀, 피트니스 센터, 실내 클라이밍장, 고급 뷔페식당까지 갖추고 있으며 내부가 모두 대리석 바닥으로 되어 있을 정도로 고급이다. 우리나라의 최신식 워터파크와 비교해도 전혀 손색없을 정도다. 김정은 국방위원장이 자신의 업적이라고 대대적으로 선전하는 이 문수물놀이장은 돈주들이 투자하여 건설된 대표적인 곳이다.

김일성종합대학 출신이자 30년 넘게 북한을 연구해 온 안드레이 란코프 국민대 교수는 돈주의 유형을 몇 가지로 정리했다. 먼저 국영식당의 명의를 빌린 돈주들이다. 형식만 국영일 뿐 실질적인 운영은 돈주가 맡는다. '써비차'를 운영하는 돈주들도 있다. 교통수단이 열악한 북한에서는 '서비스(service)'와 '자동차(car)'를 합쳐 부르는 써비차라는 것이 인기인데, 물류나 사람을 수송하는 버스나 화물차가 대표적이다. 소형 트럭을 버스 대용으로 운행하는 경우도 있다. 돈주들이 중고차를 구입해 이 사업에 뛰어들고 있다.

목욕탕도 돈주들의 돈이 몰리는 곳이다. 최근 지어진 아파트 외에 일

북한 최대의 워터파크 문수물놀이장. 우리나라의 최신식 워터파크와 비교해도 손색없을 만큼 화려하다.

반 가정집에는 목욕 시설이 잘 갖춰져 있지 않아 목욕탕이 꽤 수익이 좋은 사업이기 때문이다.

광산을 비롯해 국영무역회사를 경영하는 돈주들도 있다. 이들은 필요한 시설을 구비하고 광부를 고용하고 석탄 채굴까지 직접 하는데, 국영회사의 이름을 빌렸을 뿐 개인 사업이나 다름없다. 나라에 정해진 금액만 내면 얼마를 벌든 나머지 이윤은 모두 돈주의 몫이다.

지난 4~5년 동안 북한 경제가 좋아지고 있는데, 이와 같은 결과를 만들어낸 중요한 사회 세력이 바로 돈주들이다. 한마디로 오늘날 북한 경제는 개인 사업가라고 할 수 있는 돈주들에 의해 움직인다 해도 과언이 아니다.

돈주의 활동 영역은 국내에 국한되지 않는다. 소비주의에 일찍 눈뜬 사람들은 북한과 외국을 오가며 장사를 한다. 시계나 커피, 라면 등의 상품을 구입해 북한의 장마당에 되파는 소규모 상인부터 어마어마한 규모로 무역을 하는 이른바 큰손들까지 그 스펙트럼도 다양하다.

단둥에서 볼 수 있는 북한 돈주들 중에는 북한의 국영회사나 중국 무역회사의 명의만 빌려서 개인사업을 하는 경우가 꽤 있다. 대규모 북중무역으로 크게 돈을 번 북한 사업가들은 하루 숙박료가 최대 70만 원을 훌쩍 넘는 고급 호텔에 숙박하거나 단둥의 고급 아파트에서 생활한다. 신의주와 연결되는 신압록강대교 바로 옆에 위치한 단둥 신도시에는 최근 들어 고급 아파트가 속속 들어서고 있는데, 이곳에는 북한의 신흥 부유층이 많이 살고 있다.

이들은 미국인과도 거부감 없이 교류하며 자녀들을 미국식으로 가르치는 국제학교에 보내기도 한다. 2013년에는 미국 고등학교 졸업장을 받을 수 있고 외국대학 지원 자격이 주어지는 한 국제학교가 단둥에 문을 열었는데, 전교생 중 15퍼센트가 북한 학생이다. 국제학교 교장은 북한의 개방이 학교를 설립한 가장 큰 이유 중 하나라고 말했다. 최고급 시설을 갖춘 이 학교는 고등부 이상의 모든 수업이 영어로 진행되며 일 년에 최대 1300만 원의 등록금을 낸다고 하니, 이 지역 북한 사람들의 경제력을 짐작할 수 있다. 북한 학생들에 대한 평가는 아주 좋았다. 우수한 성적에 개방적이고 진취적이란다.

이렇듯 돈주들은 북한 사회뿐 아니라 세계로 뻗어나가고 있다. 사회적 계급이나 배경이 아니라 물질적인 성공으로 자신의 지위를 만들어가며, 더 나은 삶을 위해 개인적인 노력을 아끼지 않는다.

## 사회주의 경제의 마지막 보루
## 부동산마저 시장의 손에

—

돈주는 기본적으로 투자자다. 현재 북한 돈주들의 최고 투자처는 어디일까? 다름 아닌 부동산이다. 이미 북한에서 주택은 단순한 주거용이 아니라 하나의 부동산으로 거래되고 있다. 그런데 식량도 주택도 배급제였던 북한에 언제부터 부동산 시장이 생겨났을까? 북한이 만성적인 주택 공급 부족에 시달려온 것은 꽤 오래된 일이다. 1980년대 전후로 북한의 베이비붐 세대가 결혼 적령기에 달하면서 주택 부족이 극에 달했고, 고난의 행군 시기인 1990년 중반을 넘기면서는 주택 배급제가 사실상 붕괴되었다.

2000년대 들어 시장 활동으로 수중에 돈을 쥐게 된 돈주들이 더 좋은 집으로 이사 가기를 원하면서 주택 매매가 활발해졌다. 지금은 돈 많은 개인이 기관의 이름을 빌려 아파트를 짓고 판매까지 하면서 북한의 부동산 시장을 형성하고 있다.

물론 사회주의국가인 북한에서 개인이 주택을 소유하는 것은 불가능하다. 북한에서 주택을 소유할 수 있는 권한은 국가에게 있고 개인에게는 사용권만이 보장된다. 개인은 집을 사용할 수 있는 '국가주택이용 허가증', 일명 '입사증'을 국가로부터 발급받는데, 현재 이 입사증이 우리나라의 등기등본처럼 거래되는 실정이다. 주택을 배급받던 시기에는 입사증을 발급받기 위해 개인이 따로 돈을 낼 필요가 없었지만,

지금은 자본주의 사회에서처럼 돈이 있어야 집을 구할 수 있다. 서울대 통일평화연구원의 탈북자 설문조사에서도 돈을 주고 주택을 구입한 경우(66.9퍼센트)가 국가에서 집을 배정받은 경우(14.3퍼센트)보다 4.7배나 많았다. 주택 매매가 공식적으로만 인정되지 않았을 뿐, 이미 정부가 묵인하는 '부동산 시장'이 확고히 자리 잡은 셈이다.

원칙적으로는 입사증 거래가 불법이기 때문에 주택이 거래되던 초기에는 입사증을 발급하는 기관의 직원에게 뇌물을 주고 입사증을 사고팔았다. 그러다가 주택 거래가 활발해진 2000년 이후에는 입사증 문제를 전문적으로 해결해주는 주택 거간이 등장했다. 우리로 치면 부동산 중개인 격이다. 평양에서 활동하는 주택 거간의 경우 3~10인이 한 조가 되어 움직이며, 보통 거래가의 10퍼센트 정도를 수수료로 받는다. 우리나라의 통상적인 중개 수수료와 비교해도 상당한 수준이다.

돈주들의 돈이 부동산으로 흘러들어가면서 오늘날 수도인 평양에서뿐 아니라 북한 전역에서 아파트 건설 붐이 일고 있다. 아파트를 지을 경제력이 없는 정부는 땅을 빌려주고 돈주의 투자를 받아 아파트를 건설하고 있다.

북한에서 집을 지을 때는 사전에 돈주를 얼마나 모집했느냐에 따라 주택 건설 규모가 결정되고, 건설 속도 또한 달라진다. 1990년대만 하더라도 아파트 하나 짓는 데 5년에서 길게는 10년이 걸렸지만, 최근에는 1년에서 1년 반이면 짓는다. 돈주의 투자 덕에 건설 기간이 열 배나 단축된 것이다.

# 북한의 부동산 시장 활성화가
## 중국 경제에 이익을 주고 있다

—

　현재 부동산 시장이 가장 활성화된 수도 평양에서 최고가 아파트는 2억 원 정도다. 중국과 국경이 맞닿아 있어 무역이 활발한 신의주와 무산도 집값이 높은 편이다. 북한 최대의 장마당이 있는 평성이나 항구도시 청진 역시 부동산 가격이 높다. 자본주의 사회처럼 돈이 모이는 곳에 주택 시장이 형성되고, 장마당이나 항구 등 입지조건에 따라 가격이 매겨지는 것이다.

　북한의 부동산 붐은 중국 단둥의 건축자재 시장에서도 확인된다. 단둥에는 2015년 10월 새로운 무역지구 '호시'가 개장했다. 이곳에서는 국경 주변 20킬로미터 내 양국 상인이나 주민이 하루 8000위안(약 150만 원) 한도 내에서 무관세로 물건을 사고팔 수 있다. 일종의 무역거래 활성화 정책인 셈이다. 이곳을 찾는 고객의 30퍼센트가 북한 사람인데 이들이 찾는 물품 중에는 바닥재, 타일, 문틀 같은 인테리어 자재도 있다. 이곳 상인들에 따르면, 북한 사람들은 고가의 제품을 선호한다고 한다. 단둥 시내의 한 조명가게에서도 비싼 인테리어 조명을 컨테이너 트럭째 구입하는 북한 업자를 만날 수 있었다. 단둥 세관 앞에는 매일같이 각종 건축자재를 실은 대형 화물차들이 북한으로 들어가기 위해 길게 줄지어 서 있다.

　돈주가 늘어나고 부동산 시장이 활성화되면 북한 사회에 어떤 영향

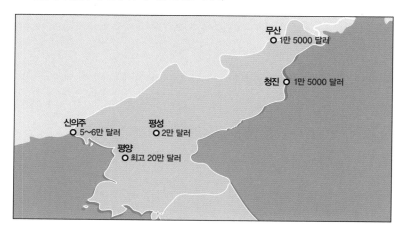

◆ 북한의 부동산 가격(국가주택 이용 허가증 거래가)

무산 O 1만 5000 달러

청진 O 1만 5000 달러

신의주 O 5~6만 달러

평성 O 2만 달러

평양 O 최고 20만 달러

을 미칠까? 정은이 경상대 교수는 화폐 유통량이 많은 부동산 시장이 북한의 전체 시장 규모를 필연적으로 확대해 경제개발을 앞당기고, 아파트 건설이 토지에 막대한 부가가치를 창출시킨다고 보았다. 건설이 활발해지면 건축자재가 유통될 뿐 아니라 고용을 창출해 민간경제 전반에 영향을 미치는데, 계획경제 밖에서 건설인력을 고용한다는 점에서 노동시장을 싹트게 하는 동인으로 작용한다. 실제로 북한의 인력시장에서는 건설 일용직 노동자의 고용이 활발하게 이루어지고 있으며, 미장공이나 목수 등 기능공의 임금이 꾸준히 오르고 있다고 한다.

한편 돈주들은 개인의 장롱 속에 있던 돈을 투자금으로 바꾸면서 금융시장을 활성화시키는 역할도 한다. 북한의 국영은행인 조선중앙은행이나 저금소는 저축을 해도 돈을 찾기 힘들고 이자도 제대로 안 주기 때문에 북한 주민의 신뢰를 잃었다. 돈주들은 그 틈새를 노리고 환전, 대출, 송금 등을 대행하는 사금융으로 이윤을 챙기고 있다. 이처럼 북한에서 부동산 시장의 발달은 곧 토지, 자본, 노동 시장의 확대를 의미한다.

북한의 시장화 현상은 전방위로 확산되고 있다. 유형의 재화를 팔고 사는 데서 부동산, 노동력, 자본 등을 거래하는 단계로까지 진화한 것이다.

## 사고 싶은 물건이 있는 소비자인 북한 주민
## 우리와 비슷해지고 있다

─

이렇게 아래로부터 시작된 시장화에 대한 북한 정부의 입장은 어떠할까? 북한 정부는 2003년 이전까지 묵인하거나 통제해온 장마당을 양성화하여 종합시장으로 개편했다. 그러나 사회적으로 여러 문제가 발생하자 2007년부터 강력한 시장 통제 정책을 시도하고 2009년에는 종합시장마저 철폐하려 했지만 실패하고 말았다. 주민들이 거세게 반발하며 현물 사재기를 시작해 물가가 단기간에 폭등하는 등 큰 혼란이 일어났던 것이다. 미국 국제전략문제연구소 산하 퍼시픽포럼의 보고서에 따르면, 장마당에 대한 단속과 통제가 극에 달했던 2009~2010년 사이에도 장마당 규모가 줄지 않았다고 한다. 이미 시장경제가 정부의 통제 범위를 벗어날 만큼 확대됐음을 알 수 있다.

북한 정부는 시장 억제 정책을 철회할 수밖에 없었다. 심지어는 김정일 사망 후 애도 기간에도 장마당의 문을 열어야만 했다. 시장 허용과 통제를 오가다가 현재는 완전 허용으로 가닥을 잡은 것으로 보인다.

물론 허용이 방치를 의미하지는 않는다. 장마당에는 당국이 운영하는 관리소가 있어서 상인들에게 자릿세를 받는다. 시장을 공식적으로 인정하면서 징세를 통해 국가 재정을 확보하는 것이다. 그 결과 지금은 북한의 공식 경제가 오히려 장마당에 의존하는 형국이다.

상황이 이렇다 보니 권력 제일주의였던 북한에서 돈의 위상이 갈수록 높아지고 있다. 돈만 있으면 지주 아들도 입당이 가능하고, 예전 같으면 탈북하다 걸리면 무조건 사살이었지만 지금은 돈만 내면 풀려나온다. 중앙당 간부의 아내도 장마당에 나와 장사하는 경우가 부지기수다. 북한은 현재 중앙당에서 장마당으로, 권력에서 자본으로, 힘이 옮겨가고 있다.

오늘날 북한 주민들은 점점 더 우리와 비슷해지고 있다. 생활 방식도 생각도 우리와 닮아간다. 살아남기 위해서가 아니라 더 잘살기 위해 노력하는 오늘날의 북한 사람들은 장사와 교역에 푹 빠져 있다. 중국은 이미 이러한 변화를 감지하고 북한과 적극적으로 무역을 하고 있다.

## 변화의 씨앗은 사람으로부터 싹튼다

—

반면 한국과 북한의 경제 교류는 난항에 난항을 거듭하고 있다. 정치적인 문제가 언제나 경제 교류의 발목을 잡는다. 북한과 경제적인 그 무엇을 함께 도모하는 것은 결국 북한 지도층의 배를 불려주고 핵무기 개발에 뒷돈을 대는 결과만 낳을 것이라는 비판의 목소리가 높다.

사실 북한의 경제성장이 권력층을 더욱 견고하게 할 것이라는 예상은 틀린 말은 아니다. 돈주가 권력층의 일원이거나 국가와 결탁해 있는 경우가 많기 때문이다. 그러나 잊지 말아야 할 것은, 경제적인 변화가 사람들의 생각을 바꾸고 나아가 사회 변화를 이끌어낸다는 사실이다. 북한의 체제나 정치를 바꾸기는 힘들지만 사람을 바꿀 수는 있다.

여기 좋은 사례가 있다. 싱가포르의 대북교류단체 '조선 익스체인지'는 2007년부터 북한의 젊은 전문직 종사자들의 교육에 앞장서고 있는데, 워크숍, 해외 인턴십, 경영 및 창업과 관련된 교육 프로그램으로 지금까지 1000명이 넘는 학생을 교육시켰다.

조선 익스체인지는 서비스, 소프트웨어, 쇼핑, 먹거리 산업 등 북한 내수 시장에 초점을 맞춘 작은 규모의 회사들을 후원하고 있는데, 조선 익스체인지의 교육을 받은 사람들 가운데는 북한 최초의 국영 편의점 '황금벌'처럼 새로운 개념의 가게를 탄생시킨 경우도 있다. 새벽부터 밤늦게까지 문을 여는 이 가게에서는 각종 생활 잡화부터 공산품, 식료품까지 다양한 물품을 판매하고, 주문배달 같은 편의 서비스도 점차 확대하고 있다.

조선익스체인지의 안드레이 아브라하미안 이사는 변화에 적합한 개개인을 후원하고 돕는 것이 결국 나라 전체에 영향을 주는 것이라고 믿고 북한 사람들과 교류하고 있다고 말한다. 그는 북한 사람들이 사업을 굉장히 매력적인 분야로 생각하고 있으며, 북한의 많은 젊은이들이 중국을 넘어 세계로 진출하고 싶어 한다고 전했다.

놀라울 정도로 갑작스럽게 통일된 독일의 경우에도 통일 전까지 동독과 서독 간의 무역량이 꾸준히 증가했다. 덕분에 통일 과정에서 동독인들이 서독인들에 대한 두려움이나 거부감이 거의 없었다.

중국과 대만은 여전히 분단된 상태로 지내고 있지만 물품, 서비스, 사람들은 대만해협을 건너 서로 교류하고 있다. 이렇게 상호 교류하며 공존하는 나라 사이에는 상당한 위험과 비용을 감수해야 하는 상황이 찾아오기 힘들다. 두 사례 모두에서 알 수 있듯이 평화로운 공존과 번영의 키워드는 접촉과 교류다.

그러나 현재 남북한 두 나라는 정치적, 외교적, 경제적으로 모든 형태의 교류가 교착상태에 빠져 있다. 언제나 통일을 해야 한다고 이야기하지만 그 꿈을 실현하려는 노력은 아무것도 하지 않는다 해도 과언이 아니다.

광복 후 70년은 곧 분단의 역사였다. 그동안 남한은 20세기 최고의 성공 스토리를 이끌어냈지만 북한은 그렇지 못했기에 현재 두 나라 국민의 소득격차는 무려 40배에 달한다. 21세기에 들어서서는 남한의 성장 속도가 더뎌지고 침체의 조짐이 여기저기서 불거지고 있고, 북한은 아래로부터 알찬 자본화가 이루어지고 있는 상황이다. 그리고 그 규모와 속도는 점점 더 빨라질 것이다. 이제 남북 교류로 한반도 원원 게임을 시

◆ 통일 전 동서독 무역 교류 현황

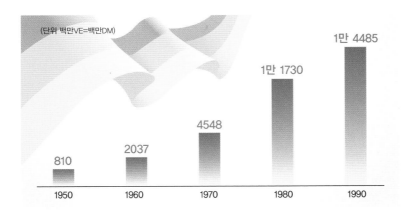

(단위: 백만VE=백만DM)

| 연도 | 금액 |
|------|------|
| 1950 | 810 |
| 1960 | 2037 |
| 1970 | 4548 |
| 1980 | 1만 1730 |
| 1990 | 1만 4485 |

작해야 한다. 거기에 우리 경제의 기회가 있다.

북한이 완전히 시장경제 체제를 만들고 중국과의 무역이 더욱더 활발해진 이후라면, 남한과의 협력이 북한 입장에서 필요 없을 수도 있다. 지금 북한이 겪고 있는 이 변화의 과정에 남한은 동반해야 한다. 과정 없이는 어떠한 결과도 기대할 수 없다. 더 늦기 전에 현실성 있는 교류가 필요하다. 북한 신인류의 힘을 길러주는 교류는 우리에게 몇 배의 값어치로 되돌아올 것이다. 교류는 많으면 많을수록 좋다.

# 4부

# 의료
## Healthcare

明見萬里

# 9장

# 유전자 혁명이
# 만들고 있는 미래

—

보험, 의료, 노후, 먹거리 산업까지 바꾼다

明見萬里

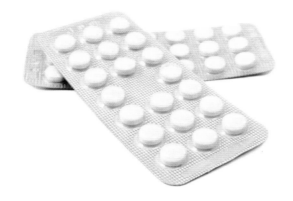

걸릴지 안 걸릴지 모를 병에 대비해 수많은 보험을 들고

수많은 약을 먹는 우리.

이제 그런 시대가 끝나가고 있다.

이제는 100만 원이면 자기 몸의 설계도를 손에 넣을 수 있다.

향후 의료, 보험, 교육, 먹거리 산업까지 바꿀 유전자 기술.

우리는 더 나은 기회를 얻게 될까,

오히려 더 불안한 삶을 살게 될까?

# 유전자 혁명이
## 만들고 있는 미래

보험, 의료, 노후, 먹거리 산업까지 바꾼다

## 신이 아닌 사람이
## 생명을 결정하는 새로운 세계

—

어느 나라보다도 자녀 양육에 열과 성을 다하는 대한민국에서, 건강과 재능과 지능과 미모를 두루 갖춘 아이를 낳는 것은 2세를 계획하는 모든 부모들의 꿈이다. 유전공학의 발달 소식을 들으며 잠시나마 이런 생각을 해본 사람도 있을 것이다. "키 185센티미터, 몸무게 70킬로그램, 근육질 몸매, 갈색의 반곱슬 머리, 갈색 눈동자를 가진, 멋진 피아니스트가 될 사내아이로 부탁드립니다." 이렇게 아이를 '맞춤형'으로 낳는 것을 감히 상상이나 할 수 있을까? 오늘날 생명공학의 발전 상황을 고려하면 과장된 상상으로 치부할 수만은 없다.

미국 로스앤젤레스의 한 불임연구소 홈페이지에 "눈 색깔, 머리 색깔, 암에 걸릴 가능성을 선택할 수 있습니다"라는 광고가 화제가 된 것이 벌써 2007년의 일이다. 이 불임연구소의 스타인버그 소장은 언론과의 인터뷰에서 아기의 외모를 부모가 선택하는 것이 '미용의학'이라며 적극적으로 홍보했다.

하지만 예쁜 아기를 낳기 위해 여러 개의 배아 가운데 마음에 드는 아기를 골라 시술하는 방법은 언론과 대중의 거센 반발을 불러일으켰다. 결국 홈페이지의 광고는 철수되었고, 연구소 소장은 유전병 치료에만 전념할 것이라는 입장으로 후퇴했다.

이 사건으로부터 10년이 지난 지금, 유전자 기술이 어느 수준에 올랐을지는 충분히 가늠할 만하다. 그리고 누군가는 그 기술의 혜택을 얻기 위해 위험한 선택을 하지 않으리라는 보장이 없다.

물론 유전자 기술을 활용하는 사례가 언제나 논란거리가 되는 것은 아니다. 유전질환이 있는 사람이라면 자신의 가족력이 후대에 유전될 것이 두렵다. 영국에 사는 카르멘이라는 여성은 운동신경과 감각신경이 손상되는 '샤르코 마리 투스 질환(Charcot Marie Tooth disease)'을 유전병으로 가졌다. 손발 근육이 점차 위축되고 모양마저 변형되는 희귀병이다. 카르멘이 아이를 낳을 경우 질환이 유전될 확률은 절반이었다. 카르멘은 평생 병마와 싸우며 고통 속에서 삶을 보낸 아버지에 대한 기억 때문에, 차라리 아이를 낳지 않기로 결정했다.

그런데 런던의 한 연구소에서 이 질병의 유전체를 식별하는 기술이 개발됐다. 그 덕분에 카르멘은 체외수정으로 건강한 아이를 가질 수 있었다. 원리는 간단하다. 여러 개의 배아에서 추출한 DNA를 검사하여 질환을 갖고 있지 않은 배아를 골라내 착상시키면 된다. 이 방법으로 카르멘은 건강한 아이를 얻었고, 같은 방법으로 둘째도 가질 계획이다. 영국 건강보험은 이 새로운 시술에 보험을 적용할 것이라 밝혔다.

앞의 사례와 달리 카르멘은 유전자 분석 기술을 질병 예방을 위해 사용했다. 때문에 도덕적 저항감이 적었고, 긍정적인 혜택을 볼 수 있었다. 착상 전에 시술하는 유전질환 선별법은 사후 그녀가 지불해야 할 경제적 부담과 신체적·심리적 고통을 덜어주었다.

이처럼 인류는 유전자 혁명으로 생명의 패러다임이 바뀌는 시대를 맞이했다. 인간의 모든 유전 정보가 담긴 게놈(Genome) 지도를 손에 넣으면서 시작된 일이다. 과연 신의 영역까지 들어간 인류는 스스로 신이 되려 할까? 인류의 오랜 꿈인 무병장수는 이루어질 것인가? 유전자 혁명이 열어갈 위험하고도 아름다운 미래, 그 속으로 함께 들어가 보자.


## 미국에서는 천 달러, 우리 돈 백만 원이면 내가 앞으로 어떤 병에 걸릴지 알 수 있다

―

행복에 대한 열망과 운명을 알고 싶은 호기심, 이 거부할 수 없는 욕구로 사람들은 사주팔자에 관심을 가져왔다. 이제 유전공학의 발달로 사주팔자는 구시대의 유물로 전락할지 모른다. 아니, 유전자 기술이야말로 오늘날의 과학적인 사주팔자다. DNA 속 게놈 지도를 판독하면 내가 앞으로 어떤 질병에 걸릴 확률이 높은지는 물론이고, 그 병에 언제 걸릴지, 어떤 치료를 받아야 할지, 심지어 얼마나 오래 살지도 알 수 있다. 이 모든 것들이 항목별로 정확한 수치와 함께 제시된다. 이것은 신이 아닌 사람이 미래를 예측하고 결정하는 새로운 세계다.

게놈 지도를 그리는 비용 또한 갈수록 저렴해지고 있다. 유전자 분석 연구가 본격적으로 시작됐던 1990년에는 한 사람의 게놈 지도를 분석하는 데 무려 15년이 걸렸다. 비용 또한 30억 달러, 약 3조 원이 들었다. 하지만 2014년 미국의 일루미나라는 회사가 1000달러에 유전자를 분석할 수 있는 기기를 개발하면서 이제는 누구나 100만 원 정도면 개개인의 게놈 지도를 그릴 수 있게 되었다. 심지어 지도를 그리는 데 필요한 기간도 15년에서 24시간, 단 하루로 단축됐다. 유전자를 분석하는 데 필요한 비용은 점점 더 떨어져서 앞으로 0달러 게놈 시대가 올지도 모른다.

이를 바탕으로 유전자 분석은 세계적인 트렌드로 자리 잡았다. 심지어 환경미화 캠페인에도 쓰일 정도다. 홍콩의 버스정류장에 붙은 쓰레기 무단투기 용의자 몽타주가 그 사례다. 마치 광고 포스터 같아 보이는 이 몽타주는 길거리에 버려진 담배꽁초에 남겨진 유전자로 만들어졌다. 쓰레기 무단투기로 몸살을 앓던 홍콩 정부는 버려진 담배꽁초에서

오늘날의 유전자 기술은 길가에 버려진 담배꽁초만 가지고도 무단투기자의 몽타주를 그릴 수 있을 정도로 발전했다.

유전자를 추출해 범법자의 인종, 얼굴 생김새, 신체적 특징을 담은 몽타주를 제작했다. 목격자 한 명 없이 담배꽁초 하나만으로 무단투기자를 지목할 수 있는 세상이 된 것이다. 그 정확도 또한 90퍼센트 이상이다.

## 유방암에 걸리지도 않았는데
## 가슴을 제거한 여자

—

모든 인간은 30억 개의 염기서열로 이루어져 있고, 저마다 특정한 타입을 가지고 있다. 각 가족마다 유전자 타입이 다르고, 그에 따라 질병에 걸릴 확률과 시기가 다르다. 때문에 많은 게놈 정보를 모을수록 더 정확하게 확률을 계산해낼 수 있다. 전 인류의 게놈 지도가 밝혀지면,

한국인이 잘 걸리는 병이 무엇인지, 그 진단법과 치료법은 무엇인지 정확히 알아낼 수 있게 된다.

세계에는 지금 자신의 게놈 지도를 손에 넣는 사람이 늘어가고 있다. 2011년 사망한 스티브 잡스 또한 췌장암으로 죽기 전 두 번이나 게놈 분석을 했다. 자신의 유전자에 꼭 맞는 항암제를 찾기 위해서다. 주치의는 그가 조금만 더 빨리 유전자 분석을 했다면 죽지 않았을 거라며 아쉬워했다.

그와 달리 안젤리나 졸리는 유전자 정보를 바탕으로 과감한 결단을 내렸다. 그녀는 자신의 게놈 지도에서 유방암과 난소암을 일으키는 유전자를 발견하고 가슴과 난소를 절제했다. 이 선택은 전 세계에 충격을 안겼다.

안젤리나 졸리가 예방적 수술로 자신의 운명을 개척하는 모습은 또 다른 사람들의 선택으로 이어졌다. 미국에 사는 앨리 씨가 그중 하나다. 그녀는 외모며 식습관, 성격까지 어머니를 닮았다. 그리고 또 하나, 질병마저 어머니에게서 물려받았다. 유방암은 앨리 씨의 가족을 오랫동안 괴롭혀왔다. 그녀의 외할머니는 오랜 시간 암과 싸우다 세상을 떠났고, 이모할머니들 중 한 명을 제외하고 모두 유방암이나 난소암으로 사망했다. 2009년에는 그녀의 어머니마저 유방암 수술을 받았다.

스물여섯 살의 앨리 씨는 암에 걸리지도 않았는데 끼니마다 스무 알 이상의 약을 챙겨먹었다. 유방암에 대한 공포는 그녀의 삶을 지배해왔다. 불안에 떨던 그녀는 결국 유전자 분석을 받기로 결심했다. 검사 결과 그녀에게 유방암과 난소암을 유발하는 브라카원(BRACA1) 유전자가 발견됐다. 브라카원 유전자 변이를 가진 사람들은 일반인에 비해 유방암 발병률이 여덟 배, 난소암 발병률은 무려 스무 배 이상 높다. 앨리 씨 또한 유방암 발병 확률이 87퍼센트나 됐고, 난소암 발병 확률은 54퍼센트였다.

그녀는 암이라는 시한폭탄을 제거하기로 결심했다. 암에 걸리지도 않았는데 미리 양쪽 유방을 절제하기로 한 것이다. 예방적 절제술로 앨리 씨의 유방암 발병률은 5퍼센트대로 떨어졌다.

물론 유방암에 걸릴 확률이 80퍼센트가 넘는다고 해서 모두 암에 걸리는 것은 아니다. 마치 고속도로에 '사고다발지역', '사망발생지역'이라는 경고판이 있다고 해서 그 지점을 지나는 모두가 사고가 나는 것이 아니듯 말이다. 다만 그 확률이 매우 높으니 운전자가 알아서 조심하라는 뜻이다. 게놈 분석에서 발병률이 높게 나온 병들 또한 마찬가지다. 앨리 씨는 자기결정권을 가지고 예방을 택했다. 사고다발지역에서 속도를 늦춘 것이다.

또한 유전자 분석 기술은 비만 유전자를 찾는 데에도 성공했다. 사람마다 살이 찌는 이유가 다르다. 어떤 사람은 탄수화물을 먹으면 살이 찌고, 어떤 사람은 물만 마셔도 살이 찐다. 이 비만의 이유를 유전자 분석으로 찾아내는 것이다. 기술이 좀 더 발전하면 유전자 정보를 바탕으로 개인별 다이어트 플랜이 생길 것이다. 이처럼 신의 언어라고까지 불리는 유전자 분석은 우리가 상상하지도 못한 세상을 만들어가고 있다.

# 게놈 연구가 연 세상
## 보험, 제약, 의료, 실버 산업까지 바꾼다

━━━

무병장수는 동서고금, 누구나 바라는 꿈이다. 20만 년 전 인간 수명은 고작 20세였고, 가까운 100년 전만 해도 평균 수명이 40세였다. 그런데 이제 우리는 100세 시대를 넘어 120세 시대에 살고 있다. 한때 늙지 않는 '안티 에이징'을 꿈꾸던 인류는 이제 잘 늙는 법, '웰 에이징'을 추구한다. 과학자들은 게놈 정보와 기술이 이 시대를 열 것이라고 확신한다.

인류는 수명 유전자의 비밀을 밝혀내는 데에도 성공했다. 분자생물학자 엘리자베스 블랙번과 캐럴 그라이더는 노화와 수명을 좌우하는 '텔로미어(Telomere)' 연구로 2009년 노벨 생리·의학상을 수상했다. 이들 연구에 따르면, 염색체의 말단 부분인 텔로미어의 길이가 짧아지면 인간 수명도 짧아지고 길이가 길어지면 수명도 늘어난다. 즉 텔로미어의 길이가 인간 수명의 지표인 것. 최근에는 이를 바탕으로 텔로미어의 길이를 늘이는 치료제까지 개발되고 있다. 유전자 분석을 통해 현대판 불로초를 손에 넣은 셈이다.

또한 유전자 분석 기술은 암 치료에도 획기적인 전환을 가져왔다. 미국 매사추세츠 주에 위치한 암 유전체 분석 업체 파운데이션 메디슨(FMI)은 세계 곳곳에서 몰려드는 수많은 암 조직에서 300여 개의 유전자를 집중 분석해 맞춤 치료 정보를 제공한다. 우선 암세포에 있는 표적(암세포를 만드는 유전자 변이)을 찾아, 그에 맞는 특수 약품과 치료법으로 암세포를

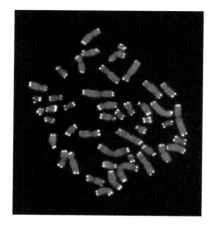

미국국립보건원(NIH) 산하 국립암연구소가 제공한 인간의 46개 염색체의 모습. 푸른색으로 보이는 각 염색체 끝에 흰색으로 보이는 것이 바로 노화와 수명을 좌우하는 텔로미어다.

죽인다. 분석 결과는 수많은 항암제 중 개인에게 맞는 표적치료제를 찾는 데 활용될 뿐 아니라 신약개발에도 이용된다. 유전자 분석 기술을 이용한 정밀의학 혹은 맞춤의학은 이제껏 보지 못한 새롭고 획기적인 발전이다.

우리나라의 경우 암 환자가 사망하기 전 1년 동안 쓰는 병원비가 평균 2000만 원 정도다. 결코 적지 않은 돈이다. 만약 게놈 지도를 분석해서 암을 미리 예방한다면? 아예 치료에 돈을 쓸 필요가 없어진다. 또한 지금처럼 아프고 난 뒤에 병원을 찾았다가 치료 시기를 놓치는 일도 줄어들 것이다.

미래에 대한 막연한 불안감으로 가입하는 보험 시장의 판도도 바뀔 것이다. 지금은 누구나 보험 한두 개쯤은 가입되어 있다. 내가 걸릴지 안 걸릴지도 모르는 병 때문에 보험을 든다. 하지만 개인 게놈을 분석하면 미래를 더 정확히 예측해서 자신에게 꼭 필요한 보험만을 선택해 가입할 수 있으니 보험료를 줄일 수 있다. 정밀한 게놈 정보를 바탕으로 하기 때문에 오진이나 약물 오남용도 막을 수 있다. 이렇게 유전자 분석 기술이 만드는 미래의 의료 시장에는 새로운 혁명이 닥칠 것이다.

## 1달러를 들일 때마다 140달러의 경제효과
## 과연 모든 국가가 그 효과를 누릴까?

—

우리나라 과학자들 또한 인간의 미래를 예측하고 예방할 수 있는 유전자 분석 기술에 주목하고 있다. 국내의 내로라하는 과학자들이 꼽은, 미래 파급력이 높은 과학기술은 바이오와 정보통신 기술이다. 바이오 기술에는 유전자 분석 기술과 게놈을 바탕으로 한 의료 서비스, 치료제, 의료기기와 같은 모든 기술이 포함된다. 최근에는 정보통신 기술과 바이오 기술이 접목된 바이오 IT 산업도 빠르게 성장하고 있다.

미국과 유럽을 비롯한 세계 여러 나라들이 정부와 민간기업 차원에서 막대한 자금을 들여 유전자 정보 분석 사업을 진행하고 있다. 미국의 버락 오바마 대통령은 "인간 유전체 연구에 1달러를 들일 때마다 140달러의 경제효과를 가져온다"면서 이 분야가 혁신을 일으킬 거대한 경제로 성장할 것이라 전망했다. 실제 전 세계적으로 유전자 분석 기술을 바탕으로 한 시장은 급속도로 커지고 있다. 2010년 24억 달러였던 시장

◆ 세계의 유전자 분석 시장 변화

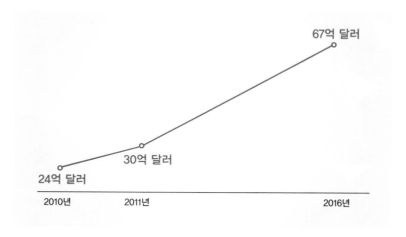

규모가 1년 만에 30억 달러로 성장했고, 2016년에는 두 배 이상 늘어날 것으로 전망된다. 이 놀라운 결과는 각국 정부가 전폭적인 지원을 아끼지 않은 덕분이다. 하지만 우리나라 상황은 조금 다르다.

　한국은 2005년까지만 해도 세계 최고 수준의 유전자 분석 기술을 가지고 있었다. 하지만 황우석 박사의 줄기세포 논문 조작 사건으로 온 나라가 홍역을 치른 뒤, 그 후유증으로 유전자 분야에 대한 규제가 굉장히 엄격해졌다. 현재 연구나 의료 목적 외에는 유전자 분석을 금지하고 있다. 이런 상황에서 일반 사람들은 기술 자체에 접근하기가 쉽지 않고, 세계 최고의 게놈 사업을 하는 것은 불가능에 가깝다. 우리의 유전자 분석 기술은 세계적인 트렌드에 계속 뒤처지고 있다.

　반면 일본이나 미국, 영국, 중국 같은 나라에서는 누구나 쉽게 유전자 분석을 할 수 있다. 특히 중국은 유전자 분석에 대한 규제가 느슨하고 정부의 전폭적인 지원을 바탕으로 유전자 강국으로 거듭나고 있다.

## '천재 유전자' 찾기, 또 다른 선악과가 될 것인가

⸺

유전자 혁명은 인류에게 무한한 혜택을 줄 수도 있고, 또 불행을 가져올 수도 있는 양날의 칼이다. 특히 '맞춤형 아기'나 '천재 유전자' 찾기와 같이 유전자 기술의 발전이 우생학에도 그대로 적용될 수 있다는 점은 심각한 문제다.

중국 광둥성 심천은 벤처기업의 메카로 불리는 곳으로, 각종 첨단산업이 급부상 중이다. 2007년 문을 연 유전자 분석 업체 '베이징 유전체 연구소(BGI)'도 그중 하나다. BGI는 세계 유전체 데이터의 20퍼센트 이상을 판독 중이며, 연간 수익만도 2200억 원에 달한다. 전 세계 제약회사, 병원, NGO 단체와 연계하여 축적된 임상 샘플과 이를 통해 얻어진 다양한 유전자 데이터가 회사의 자산이다. 이를 기반으로 BGI는 단기간에 세계 최대의 유전자 분석 업체로 성장했다.

BGI의 샘플 보관실에는 중국을 비롯해 세계 각지에서 모여든 혈액 샘플로 가득 차 있다. 그중에는 우리나라에서 유전자 분석을 의뢰한 샘플도 있다. 규제의 벽에 부딪힌 사람들이 중국으로 눈을 돌린 것이다.

베이징 유전체 연구소(BGI) 샘플 보관실에는 세계 각지에서 분석 의뢰를 받은 혈액 샘플이 가득하다.

BGI는 100만 명의 게놈 지도 분석을 목표로 하고 있다.

그리고 이곳에서는 지금 '우월한 인간'을 찾는 연구가 한창이다. 중국의 빌 게이츠라 불리는 자오보웬 BGI 연구원은 천재 유전자를 연구 중이다. 세계 상위 2퍼센트에 드는 천재 2000명 이상의 유전자를 분석함으로써 인지능력이 탁월한 '아인슈타인 유전자'를 찾으려는 것이 그의 목표다. 수학과 언어추론 능력이 뛰어난 슈퍼 엘리트들의 유전자는 시장에서 매력적인 상품이 될 수도 있다.

유전자 분석 기술은 더 완벽한 존재로 거듭나고 싶은 인간의 욕망을 자극한다. 인간의 키와 지능, 수명과 건강을 결정짓는 유전자를 완벽히 찾게 되면 부모가 어떤 배아를 골라 이식할지 선택할 수 있다. 즉 출산전 유전자 검사로 열등한 유전자를 제거하여, 선택된 인간만 살아남는 것이다. 그 미래는 우리가 상상할 수 없는 재앙을 불러올 또 다른 선악과가 될 수 있다.

윤리적인 부분을 무시한 채 앞만 보고 질주하다가 비극적인 결과를 낳았던 역사가 있다. 독재자의 손에 들어간 우생학이 바로 그것이다. 우생학은 원래 의학과 유전학에서 비롯된 순수학문이었지만, 히틀러는 우생학을 내세워 우수한 유전자를 가진 인류를 만든다며 수백만의 유대인을 학살했다.

유전자 기술을 통해 신의 영역에 한 걸음 더 다가선 인류가 앞으로 만날 세상은 유토피아일까, 디스토피아일까? 1998년에 나온 영화 〈가타카〉는 인간의 유전자를 분석하는 것은 물론이고 조작도 할 수 있는 미래를 그리고 있다. 아이가 태어나면 피 한 방울로 유전자를 분석해 앞으로 어떤 병에 걸릴지, 몇 살에 죽을지를 알아내고 아이의 직업을 미리 결정한다. 이 영화의 세상에서는 유전자에 따라 운명이 결정된다. 흔히 하는 말로 금수저, 흙수저가 아니라 금유전자, 흙유전자인 것이다. 생명공학이 지금처럼 발전한다면 이런 영화 속 세상은 머지않아 현실이 될 수도 있다.

## 이제 천국과 지옥의 선택은
## 신이 아닌 인간에게 주어졌다

―

인간 생명을 대상으로 하는 연구는 무한한 가능성을 가진 만큼이나 그 결과가 미치는 파장 또한 예측불가여서 각별히 조심해야 한다. 세계 각국은 유전자 연구를 제한하는 윤리지침을 마련하고 법적 규제를 정비해나가고 있다.

2003년 유엔은 '인간 유전자 데이터에 관한 국제 선언'을 제32차 유네스코 총회에서 채택했다. 이 선언의 핵심은 인간 유전자 정보를 생명윤리에 따라 다루어야 한다는 것이다. 미국 또한 2008년 유전자 정보 차별금지법(GINA)을 만들어, 유전자 정보에 따라 고용과 의료보험에 차등을 두는 것을 금지했다. 우리나라 또한 유전자 정보 처리를 제한하고 그에 따른 차별을 금지하는 내용을 법적으로 규정해놓고 있다.

그런데 개인이 자신의 유전자 정보를 알 권리 자체를 차단하는 문제는 논쟁의 소지가 있다. 개인은 자신의 유전자 정보, 즉 자기 몸의 설계도를 알 권리가 있다. 그것은 마치 인간이 자신의 얼굴을 알고자 거울을 보는 것과 같은 이치다.

그리고 개인이 자기 유전자 정보를 알고 있을 때 훨씬 더 긍정적인 결과를 가져온다는 연구도 있다. 미국에서 2년에 걸쳐 개인에게 유전자 정보를 알려줬을 때 어떤 영향을 미치는지 연구한 결과, 유전자 정보가 나쁘든 좋든 자신의 게놈 정보를 알게 되었을 때 사람들의 만족도가 높아졌다. 생활 또한 긍정적으로 변했다. 앞의 사례들에서 본 바와 같이 자신의 유전자 정보를 알고 있어야 혹시라도 생길지 모를 각종 질병이나 환경적 변화에 스스로 대처할 수 있다.

그러므로 개인의 알 권리 자체를 원천 봉쇄하기보다는 이것이 악용되지 않도록 안전장치를 충분히 마련하는 쪽으로 법 개정이 필요하다.

유전자 정보를 철저하게 관리, 보관하지 않으면 심각한 상황을 초래할 수 있는 것 또한 사실이다. 이것은 주민등록번호가 유출되는 것과는 차원이 다른 문제다. 개인의 유전자 정보를 몰래 빼내서 건강이나 질병 정보를 세상에 퍼뜨릴 수도 있고, 정보를 해킹해서 협박할 가능성도 충분하다. 어떤 위험성이 있을지 치열하게 논의하여 충분한 제도적 장치를 마련해야 한다.

우리는 흔히 과학자들이 윤리적 원칙에 따라 행동할 것이라고 생각한다. 하지만 학문적 경쟁이 치열해지다 보면 자칫 윤리적 경계선을 넘을 수가 있다. 생명윤리에서는 미끄러운 경사면 이론을 간과하지 않아야 한다. 물체가 경사면을 타고 내려오기 시작하면 멈출 수 없는 것처럼, 이미 시작된 연구는 중단하기 어렵고 파국으로 치달을 수 있다. 즉 처음 시작할 때는 이롭다고 생각해서 대수롭지 않게 허용되었지만, 가속도를 받으면서 나쁜 방향으로 떨어질 수도 있다. 때문에 새로운 과학기술을 발전시켜나가는 과정에서 과학자들이 정도를 넘지 않도록 사회적인 감시와 규제가 필요하다.

이제 인류는 자연법칙의 지배를 벗어나 진화의 방향을 선택할 수 있는 가능성 앞에 서 있다. 유전학자인 조지 처치 교수를 비롯한 세계 석학들은 이제 유전자 연구에만 집중할 것이 아니라 기술 발전의 바탕에 인간이 있음을 잊지 않는 생명윤리를 고민해야 한다고 강조한다. 어떻게 하면 무한한 책임이 따르는 이 기술을 악용하지 않고 현명하게 사용할 것인가? 인류의 깊은 고민과 성찰이 필요한 시점이다.

# 유전자 기술이 열어갈
# 위험하고도 아름다운 미래

━━━━━

우리는 한 인간이 세상에 태어나 죽는 순간까지의 정보가 담긴 유전자 지도를 손에 넣었다. 미래를 예측하고 통제할 수 있는 유전자 분석 기술은 새로운 세상을 만들어가고 있다. 오랜 기간 인류를 괴롭혔던 난치병의 두려움으로부터 자유로울 수 있게 됐으며, 모든 질병을 정복하고 우리 몸을 스스로 디자인할 수 있는 시점에까지 이르렀다. 우리 몸의 지도를 둘러싼 세계적인 흐름은 빠르게 움직이고 있다. 이제 유전자 분석은 거부할 수 없는 거대한 흐름이며, 그 시장은 엄청난 블루오션으로 떠올랐다.

하지만 신기술에는 언제나 위험이 따른다. 원하는 아이를 골라서 낳을 수도, 돈이 있는 사람만 불로장생할 수도, 유전자에 따라 계급이 나뉘는 위험한 미래를 가져올 우려도 있다. 규제가 미미한 나라는 기본적인 윤리도 고민하지 않은 채 달려나갈 것이고, 유전자 분석 기술이 무분별하게 활용될 위험이 충분하다.

2015년 4월 중국 과학자들이 유전자 편집기술로 인간의 배아에서 특정 유전자를 바꿔치기하는 유전자 조작을 시도했다. 이에 과학계는 큰 충격을 받았고, 유전자 편집기술 개발자마저 연구 중단을 선언하기도 했다.

모든 새로운 기술에는 예상치 못한 책임과 대가가 따른다. 인류의 역사를 돌이켜보면 언제나 그랬다. 좋은 미래를 얻을 수 있다면 그 책임과 대가를 치르는 것은 모두를 위해 필요한 일이다. 그런 점에서 인간의 게놈 지도가 만들 미래가 비극이 되지 않기 위해 이제 전 사회가 유전자 기술에 대한 본격적인 논의를 시작해야 한다. 더 이상 유전자 기술은 과학의 영역이 아니라 정치, 사회, 교육 등 전 영역에서 논의되어야 할 문제다.

인류의 미래가 유토피아일지, 디스토피아일지 결정된 것은 아무것도 없다. 한 가지 분명한 사실은 지금이 우리의 미래를 바꿀 수 있는 결정적 순간이란 것이다. 우리가 그동안 아파하고 힘들어했던 문제들을 해결하는 기회가 될지, 지금 우리가 겪고 있는 문제들을 더 악화시키게 될지, 그 선택의 순간에 우리는 이미 와 있다.

# 기술에 책임을 물을 때가 왔다

이지윤 PD

한 사람이 자신의 건강을 위해 지불할 수 있는 비용의 심리적인 마지노선은 얼마일까? 전문가에 따르면 1000달러라고 한다. 실제 미국에서 CT, MRI의 촬영 가격이 그 수준에 형성되어 있다. 그렇다면 우리 몸의 모든 유전 정보를 분석하는 데는 얼마가 필요할까? 놀랍게도 1000달러밖에 들지 않는다고 한다. 다시 말해 우리 돈으로 100만 원 정도면 내 몸의 설계도, 게놈 지도를 가질 수 있는 시대가 됐다는 뜻이다.

아직은 유전자 기술이 먼 이야기로 느껴지지만, 컴퓨터가 인류의 삶과 함께 변화하고 발전해온 역사를 돌이켜보건대 유전자 기술 또한 아주 가까운 미래로 닥칠 것이다. 1940년대에 디지털 컴퓨터가 개발될 당시만 해도 어마어마한 크기와 비용 때문에 제한된 용도로만 겨우 쓰였으나 불과 70여 년이 지난 지금 우리 모두의 손에 모바일 기기라는 형태의 PC가 들려 있지 않은가. 이처럼 기술이 발전해서 우리 삶의 풍경을 바꿔내는 속도는 놀랍도록 빠르다.

기술 발전의 추세대로라면 모든 사람이 자신의 유전자 정보를 손에 쥐게 되는 날이 곧 다가올지도 모른다. 그리고 그에 맞춰 엄청난 변화가 도래할 것이다. 의료, 보험, 식생활의 변화는 물론이고 배우자를 구할 때 유전자 정보를 교환하게 될 날이 올지 누가 알겠는가? 어쩌면 사회구조가 통째로 바뀔 수도 있다.

그렇다면 과연 인간 게놈 분석은 우리에게 무엇을 가능하게 할까? 건강하게 오래 살고 싶은 우리의 바람을 이루어줄 기술은 어디까지 진보했는가? 그리고 그 기술이 만들어낼 미래는 유토피아일까 디스토피아일까? 양날의 검과 같은 기술을 어떻게 사용해야 할까? 그 미래를 고민할 시점은 100만 원이면 나의 게놈 지도를 손에 넣을 수 있는 바로 지금이라고 생각하며 방송을 준비했다.

게놈은 DNA 속에 담긴 모든 유전 정보를 말한다. 더 쉽게 말하면 아주 과학적인 '사주팔자'다. 게놈을 미리 알면 어떤 병에 걸릴 확률이 얼마나 되는지를 미리 예측하여 예방하고 맞춤 치료가 가능해진다. 미리 질병을 예측해 정확하게 치료할 수만 있다면 인류의 수명은 비약적으로 늘어날 것이다. 유전자 해독을 통해 인류가 전혀 새로운 진화의 단계에 접어들었다 해도 과언이 아닌 듯하다.

이 유전자 기술이 가져올 미래 의학을 'P6 의학'이라고 말한다. 첫째, 내 몸의 설계도를 보고 병을 예측할 수 있으므로 예측의학(predictive). 둘째, 예측한 병을 미리 예방할 수 있으므로 예방의학(preventive). 셋째, 내 유전자에 맞는 나만의 처방이 가능해지기 때문에 맞춤의학(personalized). 넷째, 나의 특성을 알고 있기 때문에 치료 과정에서 적극적인 참여가 가능하다는 의미에서 능동적 참여의학(participatory). 다섯째, 매우 정밀한 게놈 정보에 기반하기에 정밀의학(precise). 여섯째, 치료를 하고 나면 지속적인 효과가 날 수 있어 지속의학(persistent)이라고 한다.

이 여섯 가지 의미의 미래 의학은 이미 현실이 되고 있다. 2015년 1월 미국 오바마 행정부도 정밀의학을 우선 정책의 하나로 선정하고 대규모 투자에 나서는 등, 전 세계가 게놈분석 기술을 맞춤의료(정밀의학)의 핵심 분야로 보고 투자와 연구에 뛰어들고 있다. 하지만 우리나라는 2005년 황우석 박사 사건으로 인해 생명공학 분야에 대한 윤리규제가 매우 엄격해져서, 잃어버린 10년이라 부르는 기간 동안 자연히 유전자 분야에 대한 발전 역시 더뎌졌다.

유전자 기술은 윤리적 쟁점이 많다. 실제로 〈명견만리〉 '유전자 혁명편' 녹화 현장에서는 그 어느 때보다 열띤 토론이 오갔다. 인간이 자연의 섭리를 거스르고 신의 영역에 도전하는 일이라 여겨서일까? 반대 의견도 팽팽했다. 핵심은 무엇일까? 나는 이것이 결국 책임의 문제라고 생각한다.

과거 인간은 스스로를 신의 계획에 따라 창조된 존재라고 믿었다. 그러나 신의 언어, 유전자를 해독하여 자신의 핵 속에 쓰인 비밀을 알 수 있게 되었다. 그 후 인간은 스스로의 진화를 하나씩 통제할 수 있게 기술을 발전시켜나가고 있으며, 좋은 방향으로든 나쁜 방향으로든 변화할 능력을 갖추게 되었다. 유전자 정보를 알기 전에는 신이 모든 일에 책임이 있다고 할 수 있었지만, 이제는 인간이 자신에게 일어나는 모든 일에 책임지게 된 것이다.

이제 우리는 위험하고도 아름다운 미래를 개척해나가는 시점에 와 있다. 과연 인류가 앞으로 만들어갈 새로운 미래는 어떤 모습일까?

明見萬里

# 10 장

# 행복한
# 기억상실자들의 사회

—

**고령화사회가 아닌 치매사회에 대비하라**

明見萬里

3초에 한 명, 한 시간에 1200명씩 늘고 있는 것.

전 세계 치매 인구다.

우리나라의 경우 2012년에는 10조, 2040년에는 78조,

국가 재정의 6분의 1이 치매로 인한 사회적 비용으로 들어간다.

세계 각국의 미래는 이 병에 어떻게

대응하느냐에 따라 완전히 달라질 것이다.

이제 이전과는 전혀 다른 패러다임이 필요하다.

# 행복한
# 기억상실자들의 사회

고령화사회가 아닌 치매사회에 대비하라

## 네덜란드의 작은 마을
## 전 세계는 왜 이곳을 주목하나

───

네덜란드 베스프의 호그벡(De Hogeweyk) 마을. 이곳을 최근 세계 언론들이 주목하고 있다. 광장과 거리, 상가와 주택단지 등이 실제 마을처럼 꾸며진 새로운 형태의 치매 요양시설이기 때문이다. 격리와 보호 위주였던 기존의 요양시설과 달리 호그벡 마을은 '자유'와 '일상'에 콘셉트를 맞췄다. 중증 치매 환자들이 주민인 동네. 어떻게 이런 획기적인 공간을 만들게 되었을까. 게다가 이 공간은 대부분 국가 지원금으로 마련되었다. 왜 네덜란드 정부는 '치매 마을'이라는 새로운 실험에 지원을 아끼지 않았을까.

　치매 환자를 격리하지 않고, 일반인처럼 자유롭게 생활하도록 두면
어떻게 될까. 호그벡 마을에서 150여 명의 중증 치매 노인들은 슈퍼마
켓에 가서 장을 보고, 미용실에 들러 머리도 하고, 자유롭게 방문하는
가족과 영화도 보며, 카페에 앉아 친구와 수다도 떠는 등 지극히 평범
한 일상을 살아간다. 또한 각자의 생활양식에 맞춘 주거공간에서 익숙
한 습관을 유지하며 편안하게 생활한다. 정해진 시간에 억지로 함께 식
사를 하거나 잠자리에 들 필요는 없다. 물론 평상복을 입은 간호요원들
과 요양관리사들이 늘 주거공간에 머물며 치매 노인들이 일상생활을
할 수 있게 돕고 있다.

　호그벡 마을의 주민들은 더 이상 갇혀 지내야만 하는 치매 환자가 아
니다. 단지 관심과 보살핌이 조금 더 필요한 삶의 주체로서 자신의 인
생을 즐기고 있다. 치매를 앓고 있다고 해서 '자유롭게 일상을 살아가
는 삶'을 포기할 이유는 없다. 이것이 호그벡 마을이 만들어진 이유다.

　그 어떤 것과도 격리되지 않고 '일상'을 살도록 마련된 호그벡 마을.
이 마을이 지향하는 핵심 가치인 '일상성'에 전 세계가 주목하고 있다.
이 '일상성'이 치매 대응에서 가장 중요한 키워드이기 때문이다.

　여기서 말하는 일상성에는 두 가지 의미가 있다. 하나는 치매 환자가
익숙한 환경에서 생활하도록 도와야 한다는 것. 낯선 시설에 격리되어
보호받기보다 원래 살던 대로 일상을 살아갈 때 환자들은 편안함과 안
정감을 느끼며 치매에도 잘 대응할 수 있다. 또한 그 사람답게 살아갈 수

네덜란드의 호그벡 마을에서 치매 환자들은 그 어떤 것과도 격리되지 않고 '일상'을 살아간다.

있도록 환자의 존엄성을 지켜주는 것이 치매 치료에서 매우 중요하다.

또 다른 하나는 치매를 특별하게 보지 말고 감기처럼 '일상적인 질환'으로 받아들여야 한다는 것이다. 앞으로 고령화는 어느 나라나 겪게 되는 거스를 수 없는 흐름이다. 그리고 고령화사회에서 치매는 더 이상 특별한 질병이 아니다. 고혈압이나 당뇨처럼 나이 들면 누구나 걸릴 수 있는 아주 일상적인 질병일 뿐이다.

'일상성' 없이는 늘어나는 치매 인구에 대응할 방법이 없다. 그러나 아직까지 기억을 잃어가는 치매를 일상으로 받아들이는 것이 쉬운 일은 아니다. 우리 사회는 가족이 치매에 걸렸을 경우, 그 사실을 어느 누구에게도 말하지 않는 것이 불문율처럼 되어 있다. 하지만 이제는 누구도 치매로부터 자유롭지 못한 시대가 온다. 자신이 치매에 걸렸다는 사실을 주변에 알리고 적극적으로 도움을 요청하는 치매 커밍아웃, 이것은 치매를 극복하기 위한 세계적인 트렌드다.

# 새롭게 떠오르는 삶의 방식
## 치매 커밍아웃

─────

호주에 사는 크리스틴 브라이든, 그녀는 1995년 당시 46세의 나이로 알츠하이머병 진단을 받았다. 하지만 크리스틴은 병을 숨기기보다는 주변 사람들에게 적극적으로 '치매 커밍아웃'을 했다. 그리고 가족, 친구, 동료들에게 치매가 있다는 사실을 알릴수록 오히려 사회생활을 할 기회가 더 많아졌다고 한다.

크리스틴의 하루는 다른 평범한 가정처럼 가족의 아침을 준비하며 시작된다. 다른 점이라면 매일 하는 간단한 요리도 레시피를 보며 한다는 것이다. 기억이 점점 사라지는 탓에 모든 것을 기록한 노트를 손이 가는 곳에 언제나 놓아둔다. 그녀가 '타임머신'이라고 부르는 스마트폰도 크리스틴의 기억을 돕고 있다. 오늘이 무슨 요일인지, 지난주에는 자신이 무엇을 했는지, 오늘은 무엇을 할 것인지를 꼼꼼하게 기록해놓고 참고하는 것이다. 그렇게 그녀는 최대한 모든 것을 스스로 하려고 노력한다.

크리스틴이 치매를 극복하고 일상을 살 수 있었던 비결, 그것은 치매를 커밍아웃하고 주변 사람에게 적극적으로 도움을 요청한 덕분이다.

크리스틴은 사실 조발성 알츠하이머 중에서도 유전성 알츠하이머병을 가진 매우 드문 경우였다. 전체 알츠하이머병의 1~2퍼센트밖에 안되는데, 이런 경우 더 빨리 더 심하게 나빠진다. 하지만 초기에 병을 숨기지 않고 커밍아웃하면서 가족과 친구, 동료들은 그녀가 도움이 필요

크리스틴은 치매 커밍아웃을 한 덕분에 일상을 지키고 더욱 적극적으로 사회생활을 할 수 있었다. 그녀의 치매 대응 방식은 치매 환자들의 희망으로 떠오르고 있다.

한 순간 손을 내밀어줬다. 크리스틴은 치매 극복을 위해서는 치매를 커 밍아웃하고 적극적으로 일상생활을 유지하라고 강조한다. 사소한 일상 을 변함없이 누리는 삶이 지금의 자신을 만들었다고 말이다.

크리스틴은 또한 치매에 대한 생각을 바꾸면 새로운 인생이 펼쳐진 다고 말한다. 치매 진단 후 크리스틴의 삶은 점점 더 느려지고 있다. 하 지만 그녀는 오히려 주변 사람들과 더 깊은 유대감을 나눌 수 있게 됐 다고 생각한다. 그녀에게 치매는 그 전보다 느리고 다르지만 새로운 삶 이다. 그 새로운 인생을 천천히 살아가는 것이 그녀의 치매 극복 비결이 다. 항상 긍정적인 자세를 가지려 하고, 자신이 가진 소중한 것들이 무 엇인지 기억하려 하며, 일상의 소소한 것을 즐기려 노력하는 크리스틴. 그녀는 현재 커밍아웃을 통한 치매 극복 비결을 전 세계에 전하며 치매 환자들의 희망으로 떠올랐다.

# 3초에 한 명씩 늘어나는 치매 인구
## 국가가 파산할 수도 있다

꜀꜀꜀꜀꜀꜀꜀

고령화로 인해 치매에 걸린 인구가 절대적으로 많아지는 시대에, 치매는 국가나 사회 시스템을 변화시키는 중요한 문제다. 그리고 이 문제는 아직 인류가 풀어보지 못한 것이기도 하다.

"치매의 폭발적인 증가가 마치 해일 같다." 세계보건기구 마거릿 챈 사무총장의 말이 결코 호들갑스럽게 들리지 않는다. 고령화가 빨라지면서 전 세계 치매 인구가 3초에 한 명씩, 한 시간에 1200명씩 폭발적으로 늘고 있기 때문이다. 마치 거대한 쓰나미처럼, 치매가 전 세계를 덮치고 있다. 2010년에 이미 유럽은 치매 인구가 1000만 명에 육박했고, 아메리카 대륙은 800만 명 가까이 된다. 아시아는 무려 1600만 명이다.

치매 인구 수보다 더 충격적인 것은 치매 인구의 증가율이다. 35년 후 유럽의 치매 인구는 1000만 명에서 1800만 명으로 두 배 가까이 증가할 전망이다. 아메리카 대륙은 세 배, 아프리카 대륙은 네 배, 치매 인구가 가장 많은 아시아도 세 배나 증가할 것이다.

그렇다면 전 세계적으로 치매 때문에 지출되는 사회적 비용이 얼마나 될까? 2015년에는 8180억 달러(한화 약 968조 원)에 달했고, 2030년에는 무려 2조 달러(한화 약 2367조 원)로 늘 것이라고 한다. '치매 쓰나미'라는 말이 괜히 나온 것이 아니다. 우리나라 또한 치매로 인해 발생하는 사회적 비용이 엄청나게 늘어 2012년에는 10조 3000억 원, 2040년에는 78조 원

| 지역 | 치매 유병자 수(2015년) | 증가율(2015~2050) |
|---|---|---|
| 아시아 | 2285만 명 | 194% |
| 유럽 | 1046만 명 | 78% |
| 아메리카 | 944만 명 | 216% |
| 아프리카 | 403만 명 | 291% |
| 대한민국 | 64만 명 | 423% |

출처: World Alzheimer Report 2010, 국립중앙치매센터

이 들 것이라고 한다. 이는 국가 예산의 6분의 1에 해당하는 금액이다.

초고령사회 진입을 눈앞에 둔 영국 또한 치매 인구와 함께 눈덩이처럼 불어난 사회적 비용에 국가 재정이 뿌리째 흔들리고 있다. "우리나라를 파멸로 이끄는 것은 치매가 될 것"이라는 데이비드 캐머런 영국 총리의 말에서 그 절박함이 묻어난다.

일찍이 고령화사회를 맞이한 일본도 20여 년 동안 치매 노인을 돌보느라 엄청난 사회적 비용을 지출하며 노인복지 강국이 되었다. 그러나 지금 치매로 인한 사회적 비용 증가로 일본 재정에 빨간불이 켜졌다. 일본의 치매 전문가는 "일본의 시스템을 그대로 따라하지 말라"고 경고한다. 세계 치매 인구 2위의 나라, 노인복지의 천국으로 알려진 일본에 무슨 일이 일어난 걸까?

도쿄 중심부에 위치한 시부야 구의 모리노카제 노인홈. 구에서 운영하는 치매 환자 전문 요양시설로 한 층에 10명씩, 100명의 환자가 생활

하고 있다. 이곳에는 근육운동을 하는 기구부터 재활치료를 돕는 전문가까지 치매 환자를 위한 모든 시설이 갖춰져 있으며, 개인 공간 역시 최고급으로 꾸며져 있다. 환자의 안전을 위해 센서가 부착된 침대부터 거동이 불편한 환자를 위한 전용 욕조까지 갖춘 이 고급 요양시설은 시부야 구 주민이면 누구나 이용할 수 있다.

그러나 치매 인구 급증으로 이 시설의 운영과 노인 요양을 위해 시부야 구의 주민들은 매달 노인요양보험료로 5500엔(한화 5만 원 상당)을 납부해야 한다. 다른 지자체도 사정은 마찬가지다. 점점 집에 머무르기보다 시설을 희망하는 노인이 늘고, 초고령화로 치매 인구도 급증하면서 매년 노인요양보험료가 증가하고 있다.

노인 7명 중 1명이 치매 환자인 일본에서 무려 6000여 개에 달하는 고급 요양시설은 국가 재정을 위협하는 폭탄으로 떠올랐다. 결국 지자체는 시설에 들어가는 비용을 삭감했고, 시설들은 운영난을 호소하기 시작했다. 최고급 시설에만 투자한 치매 대응책의 한계가 드러난 것이다.

## 10년 뒤 치매 인구 100만 명
## 대한민국의 모습이 바뀔 것이다

—

그렇다면 우리나라는 어떨까? 급속한 고령화로 인해 세계에서 가장 빠르게 치매 인구가 증가하고 있다. 2010년에 47만 명이던 치매 인

보건복지부의 2012년 치매 유병률 조사에 따르면, 우리나라 65세 이상 노인 10명 중 1명이 치매를 앓고 있으며 10명 중 4명은 치매 전 단계인 경도인지장애 증상을 보였다. (출처: 국립중앙치매센터)

구는 2015년 64만 명으로 늘었다. 그리고 10년 뒤에는 100만 명이 넘는 치매 인구와 함께 사는 '치매사회'에 진입하게 된다. 그 증가율이 무려 423퍼센트(2015~2050년)다. 이 흐름대로라면 초고령사회로 진입하는 2030년이 되면, 치매로부터 자유로울 수 있는 대한민국 국민은 단 한 명도 없게 된다.

보건복지부의 2012년 치매 유병률 조사에 따르면, 우리나라 65세 이상 노인 10명 중 1명이 치매를 앓고 있으며 10명 중 4명은 치매 전 단계인 경도인지장애 증상을 보였다. 특히 독거노인의 경우에는 치매 유병률이 일반 노인에 비해 2.9배나 높았다. 독거노인은 사회적 교류가 적어 인지능력이 일반 노인보다 빠르게 떨어지기 때문이다.

치매 유병률은 나이와 상관관계가 높아서, 65세를 기준으로 나이가 다섯 살 늘어날 때마다 두 배씩 증가한다. 즉 65세부터 70세 노인 가운데 치매 환자는 100명 중 2~3명꼴이지만, 70세에서 75세가 되면 4~6명으로, 75세에서 79세가 되면 10명 중 1명꼴로 급속히 증가한다. 80세에서 84세가 되면 상황은 더 심각해져 5명 중 1명이, 85세가 넘으면 2명 중 1명이 치매로 고통받게 된다.

2050년에 세계의 치매 인구는 1억 3000만 명이 넘을 것이라고 한다. 학계에서는 이미 치매를 '흔한 질병(common disease)'이라고 부르고 있다. 하지만 치매사회를 목전에 두고도 우리는 치매를 '흔한 질병'으로 받아들일 준비가 되어 있지 않다. 여전히 치매는 개인의 문제이고, 자신에게는 일어나지 않을 '남의 일'이며, 호환·마마·전쟁보다 더 무서운 공포의 대상이고 숨겨야 할 일이다.

치매를 그토록 두려워하는 데에는 치매 환자 하면 떠오르는 극단적이고 비극적인 이미지도 한몫한다. 사랑하는 가족도 못 알아보고, 대소변도 못 가리며, 소리치고 난동 피우는 극단적인 말기 상태의 치매 형태가 먼저 떠오르기 때문이다. 하지만 실제로 그런 상태의 환자는 극히 드물며 초기·중기 단계의 치매 환자들이 훨씬 더 많다.

치매에 대한 우리 사회의 인식 수준은 어떤 상황일까? 용인시 치매예방관리센터의 설문조사를 보면, "치매는 바보가 되는 병이다"라는 질문에 무려 56퍼센트가 "그렇다"라고 답했다. 또한 부모가 치매에 걸린다면 집에서 모시겠느냐는 질문에 응답자의 76퍼센트가 요양시설에 모시겠다고 답했다. 한 인터뷰에서는 "내가 만약 치매에 걸린다면"이라는 물음에 다수의 노인들이 "하루빨리 죽는 게 낫다"고 답변했다.

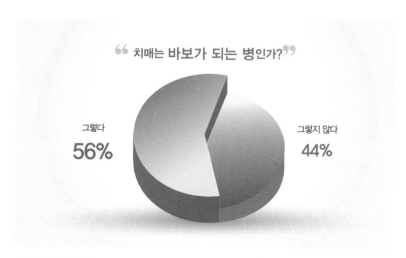

치매는 이미 흔한 질병이 되었지만, 우리는 여전히 치매를 '바보가 되는' 부끄러운 질병으로 인식한다.
(출처: 용인시 치매예방관리센터)

## 두려워 눈감기보다
## 적극적으로 새로운 삶의 방식 모색해야

———

이제 치매사회는 원하지 않아도 필연적으로 맞이하게 될 우리의 미래다. 이 미래 사회에 대비하기 위해서 치매가 무엇인지, 치매에 어떻게 대응해야 하는지 알아보자. 그러려면 일단 치매라는 병에 대해 올바르게 이해해야 한다.

우리나라에서 가장 흔한 치매로는 알츠하이머병에 의한 치매(50~60퍼센트)와 혈관성 치매(20~30퍼센트)가 있다. 퇴행성 뇌질환인 알츠하이머병은

276

뇌에 이상 단백질이 쌓여서 뇌세포를 죽이는 것으로, 매우 서서히 발병하여 점진적으로 진행된다. 혈관성 치매는 뇌경색이나 뇌출혈 등 말 그대로 뇌혈관에 문제가 생겨 발생한다.

알츠하이머병에 의한 치매와 혈관성 치매 모두 아직까지 완치 단계의 치료법은 없다. 하지만 충분히 진행 속도를 늦추고 증상을 완화시킬 수는 있다. 무엇보다도 치매는 예방 가능한 질병임을 알아야 한다. 전 사회적으로도 앞으로 치매 예방에 대한 교육과 지원이 매우 중요해질 것이다.

알츠하이머병은 20대 중반부터 독성물질이 뇌에 쌓이기 시작하며 발생한다. 즉 20대부터 건강한 생활을 하는 것이 치매 예방에 중요하다. 술·담배를 멀리하고 꾸준히 운동하며 건강한 식생활을 하고 우울증 관리도 잘하는 등 올바른 생활습관을 들여야 한다. 혈관성 치매의 경우 고혈압, 당뇨, 고지혈증 등 뇌혈관 질환을 불러일으키는 위험 요인을 미리 차단하면 예방 가능성이 더욱 높아진다.

치매 예방 교육과 함께 치매 예비군에게는 진단법과 증상을 알려주는 것도 필요하다. 사실 우리나라에서는 치매가 아닌데 치매 약을 먹는 사람도 있고, 치매인데 치매 약을 안 먹는 사람도 있을 정도로 치매 진단이 정확하지 않다. 치매가 의심되면 누구나 검사를 받으러 부담 없이 보건소로 갈 수 있어야 한다. 그러려면 치매를 두려워하거나 부끄러워하지 말아야 한다.

다음으로는 환자와 가족에게 치매 대처법을 교육해야 한다. 설령 말기 단계라 해도 '예쁜 치매'로 만들 수 있다. 만약 '미운 치매', '함께하기 힘든 치매'가 있다면 아주 소량의 약으로도 드라마틱하게 증상을 개선할 수 있다. 병에 대해 잘 알고 관리하기만 한다면 말기 치매라도 아침에 일어나 하루 종일 문제없이 지내다가 밤에는 편안하게 잠드는 예쁜 치매로 만들 수 있다.

그러기 위해서는 치매 가족을 위한 상설 교육이 필요하다. 치매 환자를 간병하는 노하우와 기술을 교육해주는 상설 기관이 있다면 치매 가족은 물론 우리 사회 전반의 변화를 가져올 수 있다.

이제 고령화사회가 아닌 치매사회를 대비해야 하는 지금, 인식의 전환이 필요하다. 치매에 걸린 누군가를 돕는 선의의 행동도 필요하지만 그에 앞서 치매를 '나에게도 일어날 수 있는 내 문제'로 받아들이는 것이 우선이다. 그리고 자신이 사는 지역에서 일어나는 치매 문제가 지역사회 일원으로서 함께 겪는 '우리의 문제'라고 인식할 수 있어야 한다.

무엇보다 중요한 것은 국가가 치매 대응의 가장 강력한 주체라는 점이다. 일본이나 미국, 프랑스 등에서는 대통령이 직접 나서서 치매 관리 정책을 발표하고 치매 전담부서도 마련하는 등 국책사업으로서 치매에 대응하고 있다. 그에 비해 우리나라는 보건복지부 노인정책과에서 치매 업무를 맡고 있지만 아직까지 산발적인 대응 수준에 머무르고 있다. 국가가 적극적으로 치매 대응에 나서서 하루빨리 선진적 형태의 중장기 대책을 마련해야 할 것이다.

그런 점에서 '치매 커밍아웃'이라는 개념이 널리 퍼질 필요가 있다. 우리 사회는 치매로 진단받는 순간 평생 살아온 사회로부터 철저히 격리된다. 죄를 지은 것도 아닌데 죽을 때까지 떳떳하게 집 밖으로 나오지 못하고 '감옥'에 갇히고 마는 것이다. 그것도 한번 들어가면 절대로 빠져나올 수 없는 완벽한 감옥이다. 이 치매 감옥에서 벗어나서 일상을 유지하도록 하는 것, 이것이 치매 커밍아웃의 힘이다.

홍창형 아주대병원 정신건강의학과 교수는 치매 초기 진단을 받았을 때 마치 말기 암에 걸린 것처럼 걱정부터 하는 가족보다는 '나이 들면 생기는 흰머리나 주름살처럼' 치매를 자연스럽게 받아들이는 가족이 훨씬 덜 스트레스받고 환자도 잘 돌보며 잘 지낸다고 조언한다.

이런 사회 분위기를 만들기 위해서는 너도나도 치매를 커밍아웃해야 한다. 많은 사람들에게 스스럼없이 치매를 커밍아웃할수록 치매는 더 이상 부끄럽지도, 두렵지도 않은 흔한 질병이 될 수 있다.

또한 초기 단계에 치매를 커밍아웃하면 치료시기를 놓치지 않을 수 있다. 치매는 조기 발견이 굉장히 중요하다. 만일 초기에 치매를 관리하지 않고 내버려두면 초기 단계 2~3년 만에 중기로 악화되고, 또 2~3년 중기 치매를 앓다가 그 후 십 수 년을 심각한 말기 상태로 지내야 한다. 반면 조기에 치매를 발견해서 진행 속도를 늦추면 초기 단계를 5~10년으로 늘릴 수 있고, 자연스레 중기·말기 단계는 짧아진다.

중기 단계에는 가족이 치매 환자를 돌보는 데 필요한 정보를 여기저기서 쉽게 얻을 수 있다. 그리고 말기에는 치매 환자와 가족들이 이웃과 더불어 살아가는 데 어색하지 않은 사회 분위기를 만들 수 있다. 설령 주변에서 치매로 실수하는 모습을 보더라도 욕하고 비난하기보다는 나서서 도와주고 싶은 마음이 들게 되는 것이다.

공황장애의 경우를 생각해 보자. 예전에 공황장애라고 하면 심각한 정신질환으로 받아들여졌다. 그런데 언젠가부터 유명 연예인들이 텔레비전에 나와서 공황장애를 커밍아웃하기 시작했다. 너도나도 이야기하다 보니 공황장애는 더 이상 무서운 정신질환이 아니라 일상에서 흔한 질병으로 받아들여졌다. 이와 같이 치매를 커밍아웃하는 선구자가 필요하다. 여러 사람들이 마음 편하게 치매를 이야기할수록 치매에 대한 사회 장벽 또한 낮아진다.

## 일본은 어떻게 치매 대응의
## 실패를 고쳐나가고 있는가

—

지금까지 우리는 치매사회에서 치루게 될 사회적·개인적 비용과 고통에 대해 충분히 알아보았다. 그리고 그 대안으로 과거와 같은 격리형 치료와 부정적 인식을 바탕으로 하는 사회 시스템으로는 이 문제를 해결할 수 없음도 알았다. 이미 네덜란드를 비롯한 많은 치매 선진국들은 '집에서 사는 것'을 치매 정책의 핵심으로 삼고 있다. 이로써 비용은 절감되고 치료 효과는 증대되고 있다.

10년 뒤에는 100만 명, 30년 뒤에는 200만 명으로 급속히 늘어만 가는 치매 인구에 시설 위주 정책으로만 대응하기에는 한계가 있다. 또한 시설에만 계속 투자하다 보면 결국 국가 예산의 6분의 1이란 돈도 부족하게 될 것이다. 더 이상 하드웨어는 답이 아니다. 치매와 더불어 사는 삶, 공생공존의 시대정신이야말로 행복한 치매를 위한 첫걸음이다.

그런 행복한 치매사회를 만들고 있는 또 하나의 사례를 살펴보자. 2014년 6월 일본 오무타 시, 치매를 앓던 이마무라 씨의 어머니가 실종된 일이 있었다. 비는 내리고 날은 점점 어두워지는데 잠옷만 입은 채 어머니가 집을 나간 것이다. 온 집안이 발칵 뒤집혔다. 신속하게 지역 주민들에게 이마무라 씨의 어머니가 실종됐음이 알려졌다. 다행히 주민들의 도움으로 어머니를 30분 만에 찾을 수 있었다.

어떻게 이런 일이 가능했을까? 그것은 지역 주민들이 치매 환자에 대한 정보를 잘 알고 있었기 때문이다. 오무타 시의 주민들은 치매 환자가 실종됐을 때를 대비해 자발적으로 모의 훈련을 받는다. 또한 치매 환자의 정보를 공유해 실종자가 발생하면 지역 상점이나 편의점, 택시 등이 즉시 협력할 수 있도록 되어 있다. 실종자를 찾는 데에는 지역 주민들의 관심과 도움이 가장 중요하기 때문이다.

왜 주민들은 자발적으로 모의 훈련까지 받아가며 치매에 관심을 갖는 것일까. 후쿠오카 현 오무타 시의 인구는 13만 명, 그중 치매 인구가 무려 6000명을 넘는다. 오무타 시 사람들은 시급히 치매 환자와 더불어 사는 방법을 찾고, 치매를 일상으로 받아들여야 했다. 그리고 이들이 찾은 해답은 '교육'이었다.

치매 환자를 사회 공동체의 일원으로 받아들이고, 치매 일상화를 위해 오무타 시에서는 초등학생부터 성인까지 모두 치매 교육을 받는다. 치매에 대한 정확한 정보를 나누고 인식을 개선하기 위해서다. 아이들은 교육을 통해 치매를 일상으로 받아들이고, 치매가 남의 일이 아니라 자신의 일이며 서로 돕고 살아가야 함을 깨닫는다.

오무타 시는 지난 10년간 치매를 개인의 문제가 아니라 지역 전체의 과제로 여기고 노력해왔다. 그리고 마침내 치매에 걸려도 안심하고 생활할 수 있는 마을, 치매와 더불어 사는 마을로 거듭났다. 치매를 적극적으로 알린 환자와 가족, 커밍아웃을 일상으로 받아들인 주민 그리고 인식 개선을 위해 교육에 앞장선 지자체, 이 모두가 합심해서 만들어낸 결과다.

과거 일본의 치매 정책에서 치매 환자는 돌봄이 필요한 서비스의 대상이었다. 제대로 말을 하지도 못하고 이해력도 떨어지는 치매 환자의 이야기를 어느 누구도 들어주지 않았다. 하지만 치매 환자의 목소리에 귀 기울여 재정 위기를 극복한 일본의 작은 도시가 있다.

도쿄에서 30여 분 거리에 위치한 인구 8만의 도시 와코. 이곳에서는 새로운 치매 복지 시스템을 가동 중이다. 와코 시에는 치매 환자를 위한 소규모 그룹홈이 9개 있다. 이 시설들의 특징은 주거지역과 가까이에 위치해 있다는 점이다. 고급 요양시설 대신 집과 가까운 곳에 지어진 이 소규모 그룹홈을 이용하면 가족과 전문 의료진의 도움을 동시에 받을 수 있다. 또한 소규모로 운영되기 때문에 개개인의 특성과 상태를 더욱

세심하게 체크해 관리할 수 있다는 장점이 있다.

와코 시가 추구하는 가장 중요한 가치는 환자에게 익숙한 환경을 제공한다는 것이다. 집에서 사용하던 가구와 물건 등을 시설에 가져올 수 있게끔 배려해서 치매 환자들이 최대한 집과 비슷한 환경에서 생활할 수 있도록 했다. 덕분에 환자는 시설에서도 집에서 누리던 일상을 유지할 수 있게 되었다. 고급가구와 설비는 없지만 환자는 자신이 평생 사용하던 침대와 물건들 덕분에 안락함을 느낀다.

치매 환자의 입장에서 고민했던 와코 시의 전략은 성공했다. 노인요양보험료를 전국 평균보다 큰 폭으로 낮췄다(25퍼센트 절감). 운영비는 절감하면서도 환자와 가족들의 만족도는 높아졌다. 치매 정책의 실수를 인정한 일본은 와코 시의 시스템을 전국적으로 확대하고 있다.

> "내가 치매에 걸렸다는 사실을 알림으로써 이 병에 대해 더 많은 관심이
> 생기기를 진심으로 바랍니다. 그렇게 해서 치매로 고생하는 환자와 그 가
> 족들을 이해하는 기회가 됐으면 좋겠습니다."

로널드 레이건 전 미국 대통령이 1994년 국민에게 쓴 편지의 일부다. 치매에 대한 국민의 관심을 불러일으키기 위해 당시에는 누구나 치부라고 여기던 치매를 커밍아웃한 것이다. 그 결과 국립 알츠하이머병 재단과 로널드 낸시 레이건 연구소가 생겼고, 치매 연구를 위한 사회적 기부가 급증했다. 그의 고백이 나비효과를 일으킨 것이다.

레이건 전 대통령도, 마거릿 대처도, 프랭클린 루스벨트도, 윈스턴 처칠도 모두 치매에 걸렸다. 우리도 언젠가는 치매에 걸릴 수 있다. 이제 어느 나라든 치매 인구가 절대적으로 증가하는 시기를 맞이하게 될 것이다. 여기에 어떻게 대응하느냐, 어떤 사회적 합의와 문화를 만들어내느냐에 따라 공동체의 미래는 완전히 달라질 것이다.

# '치매'가 미래 사회의 키워드라니

박지은 PD

3초에 1명, 1분에 20명, 1시간에 1200명···. 전 세계적으로 발생하는 치매 환자 수다. 믿기 어렵기도 하지만 기하급수적으로 늘어나는 수치가 공포스럽기까지 하다.

치매는 방송 프로그램의 단골 소재다. 특히 영화와 드라마에서 그려지는 치매 환자의 모습은 차마 눈뜨고 보기 힘들 정도로 망가진 모습이다. 이미 대부분의 사람들에게 '치매'는 인생을 파탄시키는 저주받은 질병이었다.

미래를 이야기하는 〈명견만리〉에 어울리지 않은 이 당혹스러운 주제 '치매'를 어떻게 풀어가야 할지 몹시 고민스러웠다. 질병이지만 의학적으로 접근하기보다는 '치매'라는 키워드로 개인과 가정, 사회를 아우르는 아이디어가 필요했다.

우선 나 자신부터 치매를 어떻게 생각하고 있는지 점검했다. '난 아직 젊으니까 괜찮아', '치매는 절대 낫지 않는 병이야', '바보가 되는 병이니 아무에게도 알리지 않을 거야', '치매는 환자와 가족을 사회와 일상으로부터 격리시키는 현대판 감옥'.

보건복지부에서 실시한 치매인식설문조사 결과 역시 내 생각과 비슷했다. 치매는 호환마마보다 더 무서운 병. 걸리더라도 절대 주변에 알리고 싶지 않고 나을 수도 없는, 무엇보다 삶과 가정을 일시에 무너뜨리는 끔찍한 것으로 인식되고 있었다.

치매는 그 어떤 병보다도 둘러싼 오해와 편견이 무성했다. 자, 그렇다면 답은 나왔다. 우리 방송은 치매에 대한 편견을 깨고 그 실체를 알리는 데 주력해야 한다는 것. 치매에 대한 인식과 전 세계적 실태를 파악한 뒤에 제작진이 뽑은 키워드는 바로 이것이다.

치매사회, 치매의 일상화, 치매 커밍아웃, 치매 대응 패러다임의 변화

2050년 세계 치매 환자가 1억 3000만 명을 넘어서리란 전망이 나오는 가운데, 한국은 세계에서 치매 환자가 가장 빨리 늘어날 것으로 예상되는 국가로 꼽힌다. 특히 치매는 인류가 당면한 주요 건강 위협요소로 규정돼 있다. 전 세계적으로 고령화 현상이 가속화되면서 더 이상 치매는 개인의 질병이 아닌 이미 하나의 트렌드, 글로벌 현상이다.

한국은 곧 '치매사회'로의 진입을 앞두고 있지만, 치매에 대한 인식은 한참 뒤처져 있다. 치매 환자와 그 가족에 대한 지원 역시 걸음마 단계

다. 제작진은 한국보다 앞선 일본의 치매 대응 시스템을 통해 한국이 나아갈 방향을 모색하고, 치매와 함께 잘 살아가는 사회를 어떻게 만들어갈지에 주목했다.

한국인들에게 '치매'에 대한 편견이 얼마나 강한지는 '치매'라는 단어만 보아도 알 수 있다. '치매(癡呆)'는 의학적 병명이 아니라 멀쩡한 정신을 잃어버린 상태, 지능·의지·기억 따위가 상실되어 정상이 아닌 상태를 말한다. 이미 일본, 홍콩, 대만에서는 치매를 '인지증'으로 바꿔 사용하고 있었다. 우리 학계에서도 용어를 바꾸기 위한 논의가 오랫동안 진행돼왔지만 아직 뚜렷한 변화는 없는 실정이다. 게다가 치매 정밀검사를 하기 전에 실시하는 인지기능검사만 하더라도 미국에서 오래전에 만든 것을 아직도 쓰고 있으니 치매에 대한 연구와 인식의 변화가 얼마나 시급한지를 알 수 있다.

치매에 대해 취재하면서 가장 놀라웠던 것은 네덜란드의 '호그벡 마을'이다. 이곳은 그야말로 치매 환자가 살아가기에 가장 이상적인 마을이었다. 마을 전체가 치매 환자를 위해 만들어졌음에도 요양원이라고 이름 붙일 필요가 없을 정도로, 온전한 삶이 살아있는 마을 그 자체였다.

이곳을 소개한 것은 단순히 시설이 좋아서가 아니었다. 기존의 시설들이 치매 환자를 사회와 가정으로부터 격리시켜 요양이라는 굴레에 가두었다면, 이곳은 환자가 자신의 삶으로부터 격리되지 않았다. '일상'. 이곳에는 다른 곳에는 없는 치매 환자의 '일상'이 있었다.

호그벡 마을에서 치매 환자들은 미용실도 가고, 슈퍼에서 물건을 사고, 사람들과 어울려 다양한 취미생활을 하며, 치매를 앓기 전의 일상을 변함없이 누리고 있었다. 이러한 일상성을 살린 호그벡 마을의 핵심 가치가 우리에게 시사하는 바가 많았다.

치매에 걸렸다고 죄인취급하는 건 옳지 않다. 오로지 시설이나 병원만이 치매의 대안이라고 생각한다면 우리는 치매 때문에 망하게 될지도 모른다. 치매를 일상으로 받아들이지 않으면 결코 치매라는 감옥에서 벗어날 수 없다.

전세계적으로 치매에 걸린 이들을 돌보는 데 드는 사회적 비용은 천문학적이다. 이미 일본은 20년 가까이 치매 대응의 일환으로 요양시설을 짓고 환자를 돌보는 간병비를 포함한 사회적비용 때문에 재정이 바닥 난 상황이다. 세계의 귀감이 됐던 일본의 치매 대응 시스템이 오히려 부메랑으로 돌아와 일본 재정을 구멍 낸 주범이 된 것이다.

결국 전 세계가 치매 대응을 위해 내놓은 결론은 치매에 걸린 우리 가족과 이웃이 동네에서, 사회에서 자신의 삶을 계속 영위할 수 있도록 돕는 것. 해법은 대단하거나 새로운 것이 아니었다.

지금 내 생각은 많이 바뀌었다. 치매에 대한 편견이 거의 사라졌고, 주변 사람들에게 치매는 감기처럼 흔하게 걸릴 수 있으니 두려워하지 말고 일상생활을 영위할 수 있게 하는 것이 중요하다고 말하고 다닌다. 치매에 대해 무지했던 나부터 바뀌었으니 이제 남은 것은 우리 사회와 정부가 치매라는 문제를 절실한 공통의 과제로 받아들여서 실질적인 정책과 변화를 찾아나갈 수 있기를 바랄 뿐이다.

## | 더 볼거리 |

<table>
<tr><td>인구</td><td>

**1장 · 거대한 인구 집단, 베이비부머의 삶을 바꿔라**

《밥 돈 자유》, 송양민 저, 2010.
《투명인간》, 성석제 저, 2014.
〈KBS 명견만리〉, '120세 시대 쇼크', 2016.4 방송.
〈KBS 명견만리〉, '효의 미래–셀프부양시대', 2016.5.6 방송.
〈베이비붐 세대의 고용·소득·자산 구조와 시사점〉, 한국금융연구원, 2013.

**2장 · 인구쇼크의 시나리오**

《2018 인구 절벽이 온다》, 해리 덴트 저, 권성희 역, 2015.
《인구 쇼크》, 앨런 와이즈먼 저, 이한음 역, 2015.
《지방 소멸》, 마스다 히로야 저, 김정환 역, 2015.
〈저출산 극복을 위한 긴급제언〉, 강성원 외, 삼성경제연구소, 2010.4.21.

**3장 · 청년 투자, 전 세계가 기댈 유일한 자원**

《레알 청춘》, 청년유니온 저, 2011.
《일본 디플레이션의 진실》, 모타니 고스케 저, 김영주 역, 2016.
《지상 최대의 경제 사기극, 세대전쟁》, 박종훈 저, 2013.
《청년, 난민 되다》, 미스핏츠 저, 2015.

</td></tr>
<tr><td>경제</td><td>

**4장 · 로봇이 대체 못할 직업을 가져야 하나**

《김대식의 인간 vs 기계》, 김대식 저, 2016.
《노동의 종말》, 제러미 리프킨 저, 이영호 역, 2005.
《로봇 시대, 인간의 일》, 구본권 저, 2015.
《로봇의 부상》, 마틴 포드 저, 이창희 역, 2016.
《멋진 신세계》, 올더스 헉슬리 저, 이덕형 역, 1998.
《인간은 필요없다》, 제리 카플란 저, 신동숙 역, 2016.
《제2의 기계시대》, 에릭 브린욜프슨·앤드류 맥아피 저, 이한음 역, 2014.
〈The Future of Employment〉, Carl Frey·Michael Osborne, 2013.9.17.
〈SW중심사회에서의 미래 일자리 연구〉, 이동현, 소프트웨어정책연구소, 2016.1.13.

**5장 · 정글에서 일어나는 변화**

TED 강의 〈성장의 열쇠는 기계와의 협력이다〉, 에릭 브린욜프슨, 2013.
TED 강의 〈혁신의 죽음, 성장의 끝〉, 로버트 고든, 2013.
〈KBS스페셜〉, '행복국가의 조건– 중소기업의 나라, 독일', 2013.1 방송.
다큐멘터리 〈호텔 22〉, 엘리자베스 로 감독, 2015.

</td></tr>
</table>

## 6장 • 저성장 시대의 소비와 정치

《더 나은 세계화를 말하다》, 대니 로드릭 저, 제현주 역, 2011.
《성장의 한계》, 도넬라 메도즈 등저, 김병순 역, 2012.
《스웨덴 패러독스》, 유모토 겐지, 사토 요시히로 저, 박선영 역, 2011.
《제로 성장 시대가 온다》, 리처드 하인버그 저, 노승영 역, 2013.
《트렌드 코리아 2016》, 김난도 등저, 2015.

**북한**

## 7장 • 북·중·러 기회의 삼각지대

〈A United Korea? Reassessing North Korea Risks〉, 《Economics Paper No: 188》, 권구훈, 2009.9.

## 8장 • 장마당 세대와 돈주, 북한 신인류에 주목하라

《리얼 노스 코리아》, 안드레이 란코프 저, 김수빈 역, 2013.
《웰컴투 개성공단》, 임을출 저, 2005.
《개성공단》, 김병로 등저, 2015.
《김정은 시대의 경제와 사회》, 북한연구학회 기획, 양문수 편저, 2014.
《서울 평양 메가시티》, 민경태 저, 2014.

**의료**

## 9장 • 유전자 혁명이 만들고 있는 미래

《천 달러 게놈》, 케빈 데이비스 저, 우정훈 등역, 2013.
《유전자, 세포, 뇌》, 힐러리 로즈, 스티븐 로즈 저, 김명진 등역, 2015.
《텔로미어》, 마이클 포셀 등저, 심리나 역, 2013.
《인간의 미래》, 라메즈 남 저, 남윤호 역, 2007.
《급진적 진화》, 조엘 가로 저, 임지원 역, 2007.
영화 〈가타카〉, 앤드류 니콜 감독, 1997.

## 10장 • 행복한 기억상실자들의 사회

〈위험도 하나의 인생, 방에 가둬놓아서는 안 된다〉, 《시사저널》 1272호, 2014.3.
〈World Alzheimer Report 2015〉, Alzheimer's Disease International, 2015.
〈EBS 뉴스G〉, '치매 환자를 위한 마을 드 호그벡', 2014.11.24 방송.

| 〈명견만리〉를 만드는 사람들 |

팀장 프로듀서 정현모

**1장** • 거대한 인구 집단, 베이비부머의 삶을 바꿔라
연출 최진영
작가 민혜진, 유수진

**2장** • 인구쇼크의 시나리오
연출 이윤정
작가 송현숙, 김선하, 정다솜

**3장** • 청년 투자, 전 세계가 기댈 유일한 자원
연출 이윤정
작가 송현숙, 김선하, 정다솜

**4장** • 로봇이 대체 못할 직업을 가져야 하나
연출 최지원, 이인건
작가 정윤미, 유수진

**5장** • 정글에서 일어나는 변화
연출 이윤정
작가 정윤미, 김선하

**6장** • 저성장 시대의 소비와 정치
연출 강성훈
작가 정윤미, 송준화

**7장** • 북·중·러 기회의 삼각지대
연출 강윤기
작가 민혜진, 정은총

**8장 · 장마당 세대와 돈주, 북한 신인류에 주목하라**

연출 이승현, 변영섭(미디어 천지인)
작가 민혜진, 어아름

**9장 · 유전자 혁명이 만들고 있는 미래**

연출 이지윤
작가 민혜진, 정은총

**10장 · 행복한 기억상실자들의 사회**

연출 박지은
작가 민혜진, 이지현


리서처 조혜선, 이근영, 최주희, 조은희, 이유리, 송아람
조연출 이지선, 김영지
유닛매니저 최철, 한기정
명견만리 서포터즈 이룸
도움 이정호


**독서참여단**(가나다 순)

강경화, 강필선, 고병수, 고영숙, 김미회, 김순애, 김영주, 김재훈, 김종, 김해나, 김형원, 라지영, 박수연, 박은주, 박현정, 배정인, 백동현, 서경훈, 서석미, 성윤환, 송은빈, 신영미, 안태규, 양혜경, 오금택, 우종훈, 유한준, 윤종수, 윤혜리, 이경희, 이동현, 이원상, 이은나, 이정연, 이지안, 임경옥, 장범조, 전우현, 전향란, 정유희, 정은아, 조경숙, 조미순, 조성빈, 조임성, 주승식, 차효석, 한혜성, 허원석, 황의철, 황지영

# 명견만리 인구, 경제, 북한, 의료 편

초판 1쇄   2016년 6월 7일
초판 33쇄   2021년 5월 7일

지은이 | KBS 〈명견만리〉 제작팀

발행인 | 문태진
본부장 | 서금선
편집2팀 | 정다이 김다혜
표지디자인 | 석운디자인    글도움 | 배영하 이정은

기획편집팀 | 박은영 오민정 허문선 송현경 박지영        저작권팀 | 정선주
마케팅팀 | 김동준 이재성 문무현 김혜민 김은지 정지연    디자인팀 | 김현철
경영지원팀 | 노강희 윤현성 정헌준 조샘 최지은 김기현
강연팀 | 장진항 조은빛 강유정 신유리

펴낸곳 | ㈜인플루엔셜
출판신고 | 2012년 5월 18일 제300-2012-1043호
주소 | (06040) 서울특별시 강남구 도산대로 156 제이콘텐트리빌딩 7층
전화 | 02)720-1034(기획편집) 02)720-1027(마케팅) 02)720-1042(강연섭외)
팩스 | 02)720-1043    전자우편 | books@influential.co.kr
홈페이지 | www.influential.co.kr

ISBN  979-11-86560-16-7 (04320)
(SET) 979-11-86560-21-1 (04320)